Schwerin

Stadt zwischen Seen und Wäldern

Mit Beiträgen von
Horst Ende
Ingrid Möller
Ludwig Seyfarth

Mit Fotos von
Angelika Heim
Hartmut Musewald
Andreas Peeck
Olaf Scherer

5. vollständig überarbeitete Auflage

EDITION TEMMEN

Die Deutsche Bibliothek – CIP-Einheitsaufnahme
Schwerin : Stadt zwischen Seen und Wäldern
mit Beitr. von Horst Ende ... Mit Fotos von Angelika Heim ...
[Red.: Daniela Müller]. – 5., vollst. überarb. Aufl. –
Bremen : Ed. Temmen, 1995
NE: Ende, Horst; Heim, Angelika; Müller Daniela [Red.]
ISBN 3-86108-403-1

Redaktion: Daniela Müller
Umschlagabbildung: Deutsche Luftbild, Hamburg
Karten: **Kartendienst Andreas Toscano del Banner, München**

Bildnachweis:
R. Balzerek: 101
Deutsche Luftbild: S. 86f.
Angelika Heim: S. 54, 62, 67, 75, 78, 79, 83, 93, 98, 99, 100
Historisches Museum Schwerin: S. 29, 72, 90
Mecklenburgische Landesbibliothek: S. 16
Hartmut Musewald: S. 4, 8, 9, 34, 38f., 53, 55, 57, 59, 61,
64f., 71, 76f., 84, 91, 95, 96
Andreas Peeck: S. 37, 45, 82, 92
Olaf Scherer: S. 35, 47, 50f.
Staatliches Museum Schwerin: S. 42, 68, 69
Verlagsarchiv: S. 15, 19, 21, 23, 25, 26, 27, 31, 41, 43, 73, 89
Weiße Flotte, Hamburg: S. 63

© 1995 bei Edition Temmen
Hohenlohestr. 21 — 28209 Bremen
Tel. 0421-344280/341727 — Fax 0421-348094
Alle Rechte vorbehalten.
Herstellung: Edition Temmen

ISBN 3-86108-403-1

Inhalt

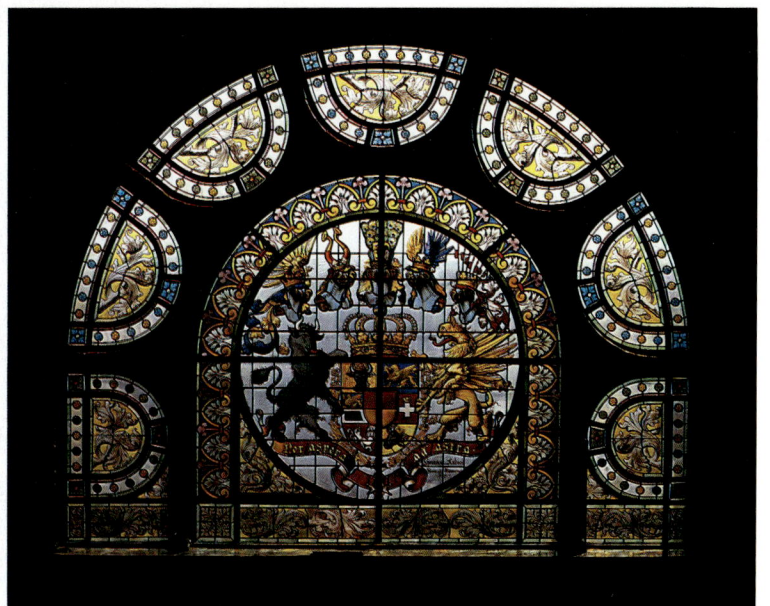

Schweriner Chronik

Um 500   Besiedlung Mecklenburgs durch slawische Stämme

1018   In der Chronik Thietmar von Merseburgs wird die Burg »Zuarin« als Sitz des Obotritenfürsten Mistizlaw erwähnt

1160   Sachsenherzog Heinrich der Löwe erobert die Burg Zuarin und unterwirft die heidnischen Obotriten. Wendenfürst Niklot wird bei einem Ausfall aus der Burg Werle getötet. Heinrich der Löwe gründet die Stadt Schwerin und setzt einen seiner Ritter, Gunzelin von Hagen, als Statthalter ein

1167   Verlegung des Bischofssitzes von der Hauptburg Mecklenburg nach Schwerin. Niklots Sohn Pribislaw erhält von Heinrich dem Löwen das väterliche Erbe zurück und wird durch Übertritt zum Christentum Stammvater des mecklenburgischen Fürstenhauses

1171   erlangt die Stadt Schwerin das Recht auf Marktabhaltung. Der erste Dombau wird geweiht

Um 1190   wird der zweite Dombau begonnen

1228   Einsetzung eines städtischen Rates aus sechs Ratsherren und einem Bürgermeister

1270–1416	Bau des heutigen gotischen Domes
1340	Fertigstellung der Stadtmauer
1348	Kaiser Karl IV. erhebt Mecklenburg zum Herzogtum
1358	Nach dem Aussterben der Grafen von Schwerin erwirbt Herzog Albrecht II. die Stadt Schwerin für 20.000 Mark Silber und verlegt die herzogliche Residenz von Wismar in die »Festung Schwerin«
Um 1500	hat Schwerin ohne die Schelfstadt ca. 1800 Einwohner
1549	Beginn der Reformation in Mecklenburg
1531–1697	vernichten mehrere Stadtbrände den mittelalterlichen Siedlungskern
1553	Neuerrichtung des »Großen Neuen Hauses« am Schloß mit Terrakotten von Statius von Düren
1628–31	werden die angestammten Herzöge während des Dreißigjährigen Krieges aus Mecklenburg vertrieben. Wallenstein wird Herzog von Mecklenburg und nimmt seinen Regierungssitz in Güstrow
1701	entsteht die Hofschauspielgesellschaft als erstes ständiges Theater
1705	beginnt der Ausbau der barocken Neustadt auf der Schelfe
1752–56	entsteht der Schloßgarten
1753	Gründung der ersten deutschen Schauspielakademie durch Conrad Ekhof
1756–1837	schrittweise Verlegung des Hofes nach Ludwigslust
1764	zählt Schwerin 3288 Einwohner
1815	erhalten die Herzogtümer Mecklenburg-Schwerin und Mecklenburg-Strelitz auf dem Wiener Kongreß den Status eines Großherzogtums
1819	ist die Bevölkerung Schwerins auf 9986 Einwohner angewachsen
1823	wird Georg Adolph Demmler (1804–86) großherzoglich-mecklenburgischer Baukonducteur
1830	Handwerksgesellen, Tagelöhner und Kleinmeister fordern im »Schweriner Münzaufstand« bessere Lebensbedingungen
1832	Vereinigung der Schweriner Alt- und Neustadt
1837	verlegt Großherzog Paul Friedrich die Residenz nach Schwerin zurück. Das alte Schloß wird gründlich restauriert

Seit 1840	beginnt nach Plänen Demmlers die Erweiterung der Stadt in nordwestlicher Richtung unter Einbeziehung des Pfaffenteiches
1842	wird der Paulsdamm durch den Schweriner See fertiggestellt
1845–57	Umbau des Schlosses nach Plänen Demmlers
1847	Anschluß Schwerins an das Eisenbahnnetz Berlin-Hamburg
1848/49	wird während der Revolution die landständische Verfassung abgeschafft und ein neues Staatsgrundgesetz proklamiert, das u.a. Presse-, Versammlungs- und Vereinsfreiheit garantiert
1851	wird Hofbaurat Demmler im Zuge der politischen Restauration wegen seiner demokratischen Gesinnung entlassen
1857	am 26. Mai wird das neue Schloß eingeweiht
1860	hat Schwerin 22.516 Einwohner
1869	tritt erstmals die Sozialdemokratische Arbeiterpartei in Schwerin auf
1886	wird auf dem Alten Garten das neobarocke Hoftheater feierlich eröffnet
1892	Abschluß der Bauarbeiten am 117,5 Meter hohen Domturm (Entwurf von Baurat Georg Daniel)
1913	brennt in der Nacht zum 15. Dezember der Burgseeflügel des Schlosses mit dem Goldenen Saal völlig aus
1918	dankt Großherzog Friedrich Franz IV. ab und eine bürgerliche Koalitionsregierung übernimmt die Macht
1920	Kämpfe zur Niederschlagung des Kapp-Putsches
1921–45	werden mehrere historische Räume des Schlosses der Öffentlichkeit als Schloßmuseum zugänglich gemacht
1932	hat Schwerin 53.621 Einwohner. Die NSDAP erhält bei den Landtagswahlen die knappe Mehrheit
1938	wird während der sogenannten »Reichskristallnacht« vom 9. zum 10. November die Synagoge am Schlachtermarkt zerstört
1945	ziehen am 2. Mai amerikanische Truppen in die Stadt ein. Nach dem Rückzug alliierter Einheiten aufgrund der Vereinbarungen von Jalta besetzen sowjetische Truppen Westmecklenburg und marschieren am 1. Juli in die Stadt ein
1952	wird Mecklenburg durch eine Verwaltungsreform in die Bezirke Rostock, Schwerin und Neubrandenburg aufgeteilt. Schwerin wird Bezirksstadt

1955	beginnt der Bau der Weststadt zwischen Lübecker und Wittenburger Straße
1962–72	Errichtung des Stadtteils Lankow
1971	wird der Grundstein für den Stadtteil Großer Dreesch gelegt
1972	wird Schwerin mit 100.000 Einwohnern Großstadt
1977	Teile der Altstadt am Großen Moor werden abgerissen und an ihrer Stelle entstehen Neubauten
1982	zählt Schwerin 125.000 Einwohner
1985	feiert die Stadt ihr 825jähriges Jubiläum
1989	findet am 23. Oktober auf dem Alten Garten die erste Montagsdemonstration mit ca. 40.000 Teilnehmern statt
1990	wird bei der ersten freien Kommunalwahl am 6. Mai Johannes Kwaschik (SPD) Oberbürgermeister. Am 27. Oktober 1990 erklärt der Landtag von Mecklenburg-Vorpommern Schwerin zur Landeshauptstadt
1992	Im Zuge des allgemeinen Baubooms entstehen neue Wohngebiete, Bürobauten, Großmärkte, Hotels, Tankstellen und Einkaufszentren wie der Margarethenhof an der Peripherie Schwerins
1993	werden am 28. April die letzten GUS-Truppen verabschiedet. Am 23. Mai tritt die Landesverfassung (abgefaßt in Hoch- und Plattdeutsch) in Kraft
1995	steht Schwerin ganz im Zeichen der Jubiläumsfeiern zu »1000 Jahre Mecklenburg«

Zur Geschichte Schwerins

Vor einiger Zeit hörte ich auf der Straße, wie ein etwa vierjähriges Mädchen seine Mutter fragte:»Und wann erfand man diese Stadt?« Überrascht horchte ich auf. Was die Mutter antwortete, konnte ich nicht verstehen, aber ihre Verlegenheit war offensichtlich.
Wie müßte denn die Antwort lauten? Im Schulbuch heißt es:»Die Stadt Schwerin wurde 1160 durch Heinrich den Löwen gegründet.« Solche Sätze hatte man früher auswendig zu wissen. Aber wie wenig besagen sie doch! Mit Heinrich dem Löwen anzufangen wäre wohl auch nicht ganz richtig, denn Besiedlungen im heutigen Stadtgebiet gab es schon viel früher. Zu den Voraussetzungen für die Anlage von Siedlungsplätzen gehören zunächst die naturräumlichen Bedingungen. Und wenn Fritz Reuter in seiner »Urge-schicht von Meckelnborg« schreibt, die ersten Bewohner seien »de Poggen« (die Frösche) gewesen, so kommt er der Wahrheit sicher sehr nahe, denn vorherrschend waren Seen, Wälder, Moore, Moraste und Sümpfe.
In der Jungsteinzeit durchstreiften Jäger und Sammler dieses Gebiet, seit ca. 3000 v.Chr. wurden hier Ackerbauern und Viehzüchter seßhaft und hinter-ließen ebenso wie ihre Nachfahren in der Bronze- und Eisenzeit Spuren menschlicher Besiedlung: Von Feuersteinklingen und Pfeilspitzen bis zu Topfscherben und Schmuckstücken sind zahlreiche Fundstücke in die Ma-gazine des Archäologischen Landesmuseums gelangt. Dort finden sich auch die Grabungsfunde aus späterer germanischer Besiedlung, als es schon ausgedehntere Handelsbeziehungen und Berührungen mit den Römern gab. Unterschiedliche Stämme kamen in diese Region und verließen sie wieder. Um 500 n.Chr. drangen slawische Stämme in das noch kaum besiedelte Gebiet ein. Zu den Burgen, die sie im Laufe der folgenden Jahrhunderte errichteten, gehören die Michelenburg (Dorf Mecklenburg, wonach später das Land benannt wurde) und die Burg Zuarin (Schwerin), was soviel wie »tier- und waldreiche Gegend« bedeutet.

Die Stadtgründung

Die früheste Beschreibung einer solchen Burg in einem Süßwassersee – wobei nicht bewiesen ist, daß Schwerin gemeint ist – stammt aus dem Jahre 973. Der Jude Ibrahim Ibn Jakub notierte in arabischen Lettern über die Slawen:
»Wenn sie eine Burg bauen wollen, so suchen sie ein Wiesengelände aus, das reich ist an Wasser und Rohrsümpfen. Sie stecken dort einen Platz ab, ziehen einen Graben herum und häufen die ausgehobene Erde auf, die sie feststampfen. Die Mauer wird zur erforderlichen Höhe ausgeführt, ein Tor und eine Brücke über den Graben werden gebaut. Kriegsheere dringen in das Land des Nakon nur mit großer Mühe ein, denn das Land besteht aus Wiesen, Sumpf und Morast.« Wer sich diese Situation vergegenwärtigen möchte, mache einen Besuch im Archäologischen Freilichtmuseum Groß Raden bei Sternberg, wo eine sla-

wische Siedlung mit Tempel und Burgwall in Originalgröße rekonstruiert worden ist.

Das früheste Dokument, in dem die Burg »Zuarin« namentlich genannt wird, ist die Chronik des Bischofs Thietmar von Merseburg aus dem Jahr 1018. Thietmar berichtet, daß die weiter östlich siedelnden Liutizen die Burg des Obotriten Mistizlaw erobert hätten. Doch schon in der nächsten Generation war die Burg wieder in der Hand der Obotriten.

Im Zuge der Ostexpansion deutscher Feudalherren wurde das Land der Slawen durch den Sachsenherzog Heinrich den Löwen erobert. Hauptangriffsziel seines Feldzuges war die Burg Zuarin. Noch im Jahre 1147 stießen die Teilnehmer am Wendenkreuzzug jedoch auf heftigen Widerstand. Erst im Sommer des Jahres 1160 gelang es Heinrich dem Löwen mit einem großen Heer – und dänischer Hilfe von der Küste her –, eine Entscheidung zu seinen Gunsten herbeizuführen. Angesichts der Übermacht gaben die obotritischen Verteidiger die Burg auf, zerstörten sie und zogen sich ins Landesinnere zurück. Der Obotritenfürst Niklot fiel im Kampf um seine Burg Werle bei Schwaan.

Noch im gleichen Jahr veranlaßte Heinrich der Löwe den Wiederaufbau der strategisch günstig gelegenen Burganlage und gründete an diesem Ort eine Stadt. Er übertrug Schwerin das Stadtrecht und sein Stadtsiegel, das einen Reiter mit Schild zeigt und noch heute gültiges Stadtwappen ist. Zu seinem Statthalter ernannte er den Ritter Gunzelin von Hagen aus Braunschweig.

Die kleine deutsche Siedlung befand sich zu dieser Zeit im Bereich des heutigen Marktes. Die Wenden, die zuvor im Bereich der Burgfreiheit ansässig waren, wurden im Laufe der Zeit zunehmend auf die »Schelfe« umgesiedelt. Doch kann ihr Bevölkerungsanteil nicht gering gewesen sein, denn schon 1167 sah sich Heinrich der Löwe veranlaßt, Pribislaw, den Sohn Niklots, in das Erbe seines Vaters einzusetzen. Dadurch wurde ein wendischer Fürst zum Stammvater des mecklenburgischen Fürstenhauses. Gunzelin von Hagen hingegen bestimmte er zum ersten Grafen der neuerrichteten Grafschaft Schwerin.

Mit dem Zisterziensermönch Berno kam auch der Bischofssitz nach Schwerin. Beide Herrschaftsbereiche – Bischofssitz und Grafschaft – bestimmten über Jahrhunderte hinweg das städtische Leben Schwerins. Im Jahre 1171 fand die erste Domweihe statt. Der Dom war durch die Reliquie des Heiligen Blutes, die Graf Heinrich I. von Schwerin 1222 von einer Pilgerfahrt in das Heilige Land mitgebracht hatte, als Wallfahrtsstätte zu solchem Ruhm gelangt, daß in den Jahren 1248 und 1270 größere Bauten nötig wurden. Der um 1270 begonnene Neubau ist der noch heute existierende gotische Backsteinbau, eine dreischiffige Basilika mit Umgangschor und Kapellenkranz nach dem Vorbild der Lübecker Marienkirche.

Bis 1648 blieb Schwerin Sitz des Domkapitels und damit Verwaltungsstadt der Diözese. Machtkämpfe und Streitigkeiten um Hoheitsrechte und Gebietserweiterungen, die Rivalität von Adel und Klerus behinderten lange die Entstehung eines Stadtbürgertums. Zwar ist bereits im frühen 13. Jahrhundert ein Rat in Schwerin nachweisbar, doch stand dieser stets im Schatten der jeweiligen mecklenburgischen Regenten.

Schweriner Dom, Stadt und Schloßinsel von Westen. Kolorierte Handzeichnung, 1605

Zwischen der Burg im Südwesten und dem Dom im Nordosten lag die Stadt. Umgeben von einem Wall mit Palisadenzaun aus dicken Bohlen und einem Wassergraben, wirkte sie wie eingeschnürt und aller Ausdehnungsmöglichkeiten beraubt. In den Jahren 1330 bis 1340 erhielt die Stadt das, was für mittelalterliche Städte prägend war: eine massive Stadtmauer aus Granitblöcken, die 1,50 Meter dick war. Ihre Bewährungsprobe als Bollwerk bestand sie, als Albrecht II. 1358 von März bis Dezember Schwerin belagerte. Reste dieser Stadtmauer sind noch in der Burgstraße erhalten. Von den Türmen und alten Stadttoren hingegen ist heute nichts mehr zu sehen. Wo Puschkin-, Friedrich- und Burgstraße zusammenlaufen, stand das Schelftor; dort, wo heute die Schmiedestraße auf die Mecklenburgstraße stößt, die damals noch Fließgraben zwischen Burgsee und künstlich gestautem Pfaffenteich war, erhob sich das Schmiedetor, und an der Kreuzung Schloßstraße zur Mecklenburgstraße hatte das Mühlentor seinen Platz. Über den Damm des Mühlentors führte ein Verkehrsweg nach Wismar und Lübeck. Die großen Handelsstraßen liefen jedoch an Schwerin vorbei, so daß es in seiner wirtschaftlichen Entwicklung schon bald von jüngeren Stadtgründungen wie den Hansestädten Wismar und Rostock überflügelt wurde.

Schwerin als herzogliche Residenz

Im Jahre 1348 erhob der in Prag residierende Kaiser Karl IV. Mecklenburg zum Herzogtum. Nicht ohne Grund, denn die wendischen Fürsten Albrecht und Johann hatten ihm im Streit um die Mark Brandenburg hilfreich zur Seite gestanden. Nach dem Aussterben der Grafen von Schwerin erwarb Herzog Albrecht II. 1358 Stadt und Grafschaft für 20.000 Mark Silber für sein Haus zurück, einschließlich der Burg, die zur herzoglichen Residenz wurde. Durch die Residenz und die Stiftungen der Geistlichkeit (Franziskanerkloster, Heilig-Geist-Haus und Sankt-Georgs-Hospital) wurde Schwerin – trotz

15

Johann Hertzog ℈ Magnus Szonn
Hertzog zu Mesklenburg furst zu Wen
den Grave zu Swerin der Land Rostock
Vnnd Margaret Hexe

Juditha sein gemahell Grave Ottens v
der hota tochter Catharina Hertzog
vonn Sachsiem der Herrn zu Enger
ßwester

seiner verkehrstechnisch benachteiligten Lage – zum politischen und kulturellen Mittelpunkt des Landes Mecklenburg, besonders in der Zeit der Renaissance und Reformation.

Während Albrecht VII. am alten Glauben festhielt, veranlaßte sein Bruder Heinrich V., daß 1524 Heinrich Möllens evangelischer Hofprediger wurde und daß die Lutherschüler Martin Oberländer und Aegidius Faber hier wirken konnten. Unter Johann Albrecht I. (1547–76) wurde die lutherische Landeskirche etabliert. Erhard Altdorfer – Bruder des berühmten Regensburger Malers Albrecht Altdorfer – wurde Hofmaler in Schwerin. Ihm wird die Bebilderung der Genealogie des Herzogshauses zugeschrieben. Bernhard Hederich aus Freiberg schrieb im Franziskanerkloster die erste Schweriner Stadtgeschichte, und der berühmte Mathematiker und Geograph Tilemann Stella (1525–89) zeichnete die erste Landkarte Mecklenburgs.

Ein Landesfürst, der Schwerin zum Ehrentitel »Nordisches Florenz« zu verhelfen suchte, konnte natürlich auch die Burg nicht schmucklos belassen. Ähnlich wie der Fürstenhof in Wismar (1553/55) erhielt die Fassade einen oberitalienischen Vorbildern verpflichteten plastischen Schmuck aus roten Terrakottaplatten, die – inzwischen erneuert – noch heute an der Seeseite des Schlosses zu bewundern sind.

Wie man sich Schwerin um die Mitte des 16. Jahrhunderts vorzustellen hat, veranschaulicht ein Stadtmodell im Historischen Museum am Großen Moor. Das städtische Leben konzentrierte sich um den Markt: Rathaus, Ratswaage, Fleisch-, Fisch- und Brotbänke, Buden und Verkaufsstände aller Art gruppierten sich um den Marktplatz. Zwölf Handwerksämter sind im 15. Jahrhundert registriert, u.a. Gerber, Knochenhauer, Schmiede, Tuchmacher, Kürschner, Wollweber, Bäcker und Schuhmacher. Auch der Fischfang auf den zahlreichen Gewässern und die Brauerei spielten eine Rolle. Nicht mehr als zwölf enge, winklige und ungepflasterte Straßen hatte die Stadt damals, bei etwa 3000 Einwohnern.

Die niedrigen, unregelmäßig stehenden Fachwerkhäuser mit Holzschindeln, Rohr- und Schilfdächern reichten meistens gerade für eine Familie. Insgesamt begünstigten die verwendeten Baumaterialien wie Lehmziegel und Holz eine schnelle Feuerausbreitung. Kein Wunder, daß die Schweriner Stadtgeschichte – wie die vieler anderer spätmittelalterlicher Städte – von verheerenden Bränden zu berichten hat. Zwei große Feuersbrünste waren es im 16. Jahrhundert (1531 und 1558) und insgesamt vier im 17. Jahrhundert (1626, 1651, 1690, 1697). Folglich sucht der heutige Besucher fast vergeblich nach mittelalterlichen Gebäuden. Nur der Dom, Teile des Schlosses und der abseits liegende Domherrensitz von 1574 überstanden die Stadtbrände. Hinzu kamen die Verwüstungen durch den Dreißigjährigen Krieg (1618–48). Ein Merian-Stich aus dem Jahre 1640 zeigt, welche ausgedehnten und aufwendigen Wehranlagen die Stadt zu ihrem Schutz errichtet hatte. Sie scheinen ähnlich massiv gewesen zu sein wie die bis heute erhaltenen Bastionen der Festung Dömitz aus den Jahren 1554–65. Dennoch schützten

Folioblatt aus der Schweriner Bilderhandschrift von 1526

Schwerin im Jahre 1640, nach einem Stich von Matthäus Merian

sie die Stadt nicht vor Belagerern. Der alte Schloßgeist »Petermännchen« aber soll der Sage nach dafür gesorgt haben, daß 1628 Herzog Albrecht von Wallenstein aus Schwerin floh und sich im Güstrower Schloß einrichtete: *Sobald der große Feldherr sich ermüdet zur nächtlichen Ruhe hingelegt hatte, plagte und zwickte ihn der Hausgeist die ganze Nacht hindurch. Bald warf er die Stühle um, bald zog er dem Schläfer die Bettdecke weg und fegte damit im Zimmer umher. Der ohnehin sehr abergläubische Herzog befürchtete großes Unheil und rief nach seinem Sterndeuter und Vertrauten Seni. In der nächsten Nacht kam es noch schlimmer: In seinem Zimmer ließ sich ein gleichmäßig scharrendes Geräusch hören. Der Mond schien, und bei dem unsicheren Lichte sah der erschrockene Herzog, daß das Petermännchen sich ihm mit drohend gezücktem Schwerte näherte. Wallenstein streckte der Erscheinung wie zum Schutze den Arm entgegen. In demselben Augenblicke löste sich das große Bild des rechtmäßigen Herzogs, das über dem Bette an der Wand hing, vom Nagel los und begrub den Feldherrn unter sich…*

Der Dreißigjährige Krieg wirkte sich auf Mecklenburg verheerend aus: Von 300.000 Einwohnern vor dem Krieg überlebten nicht mehr als 50.000, also nur ein Sechstel der Bevölkerung. Zahlreiche verlassene Siedlungen wurden aufgegeben, herrenloses Land wurde den Gütern zugeschlagen und viele der verbliebenen Bauern durch das sogenannte »Bauernlegen« in die Leibeigenschaft gezwungen. Die Folgen der Krisensituation zeigten sich auch in der zunehmenden Zahl der Hexenprozesse. Erhaltene Schweriner Prozeßakten aus den sechziger Jahren des 17. Jahrhunderts belegen, daß auch hier sogenannte Hexen auf Scheiterhaufen »smöken« mußten.

Die Altstadt von Schwerin Mitte des 18. Jahrhunderts

Herzog Christian I. von Mecklenburg-Schwerin, der in den Jahren 1658–92 regierte, zog es vor, am Hofe des Sonnenkönigs Ludwigs XIV. zu »weilen« und legte sich ihm zu Ehren den Beinamen Louis zu. Da er kinderlos starb, trat sein Neffe Friedrich Wilhelm die Nachfolge an und machte dem Schwiegersohn Gustav Adolfs von Mecklenburg-Güstrow die Thronrechte streitig. 1701 kam es zum Hamburger Vergleich, als dessen Ergebnis der Rivale schließlich Stargard und das Fürstentum Ratzeburg erhielt. Seitdem gab es neben dem Schweriner Herzogtum das Herzogtum Mecklenburg-Strelitz.

Schwerin im 18. Jahrhundert

Friedrich Wilhelm erließ 1704 die »Fürstliche Mecklenburgische Rangordnung«. Sie begann auf Rang 1 mit dem Geheimen Rats-Präsidenten und endete auf Rang 24 mit Holzvögten und Kutschern. Bürgermeister und Ratsmitglieder lagen bei Rang 15 bis 18, Hofmaler erst bei 20. Diese gesellschaftliche Hierarchie blieb bis über das Jahr 1918 hinaus für Schwerin gültig. Noch der bekannte Mecklenburger Mundartdichter Rudolf Tarnow verulkte den Hang nach Rang und Titel, wenn er von »Fru Ganz-Geheim-Ministerial-Hülfsaktenträger Besendal« spricht.

Zu den pragmatischeren Erlassen Friedrich Wilhelms zählte die »Declaration von Anbau- und Extendirung der bey der alten Residentz-Stadt und Vestung Schwerin nahe anliegenden bisher so genandten Schelfe« aus dem Jahr 1705. Als einheitliche barocke Anlage mit rechteckigem Markt und eigener Kirche (1708–13 von Jacob Reutz erbaut) entstand so in der Folgezeit die »Neu-« oder »Schelfstadt«.

Nachdem sein Nachfolger, der eitle und herrschsüchtige Karl Leopold, sich nicht nur mit der Stadt Rostock, sondern auch mit der Ritterschaft überworfen hatte, wurde er durch eine kaiserliche Kommission des Throns enthoben und sein Bruder Christian Ludwig 1728 als Administrator eingesetzt. Die Würde als regierender Herzog übernahm dieser 1747, nach dem Tod seines Bruders.

Kulturell bewirkte Herzog Christian Ludwig II. viel Nachhaltiges. In seiner Jugend hatte er eine Bildungsreise durch Europa unternommen und sich besonders in Rom für die Künste begeistert. Seine Sammlungen erlitten jedoch einen empfindlichen Verlust, als 1725 beim Grabower Stadtbrand auch das dortige Schloß in Flammen aufging. Beim Landtag setzte er durch, daß sein Sohn Friedrich eine Reise nach Holland, Belgien und Frankreich mit einem Abstecher nach England machen konnte, auf der er neben diplomatischen Aufträgen auch mit Künstlern und Kunstagenten verhandelte. Wichtige Werke der niederländischen Malerei und höfischen Kunst des 18. Jahrhunderts kamen auf diese Weise nach Schwerin.

Auch in der Theatergeschichte wurde ein neues Kapitel aufgeschlagen. Die berühmte Theatergruppe Schönemann, zu der Conrad Ekhof, Conrad Ernst Ackermann und Charlotte Schröder gehörten, trat während des Jahres 1740 auf. Seit 1751 bezogen die »Mecklenburgischen Hof-Komödianten« ein festes Gehalt, und 1753 eröffnete Ekhof die erste deutsche Schauspielakademie in Schwerin. Seine Büste neben dem Theater erinnert an dieses Ereignis.

Die alte Schleifmühle im Schloßgarten wurde um 1700 als Lohmühle errichtet, ab 1775 wurde sie auf Steinschleiferei umgestellt und kann noch heute in dieser Funktion als technisches Denkmal besichtigt werden. Hier wurde besonders während des Schweriner Schloßneubaus bis etwa 1857 vorwiegend einheimischer Granit zu Tischplatten, Fenster- und Kamingesimsen, Taufbecken, Platten für Sarkophage und Denkmale, Petschaften u.a.m. verarbeitet. Unter den damaligen Kunsthandwerkern spielten außerdem Goldschmiede und Zinngießer eine bedeutende Rolle. In diese Zeit fiel auch die barocke Neugestaltung des Schloßgartens durch den französischen Gartenarchitekten Jean Legeay (1748–56). Ein Kreuzkanal und Böschungsbepflanzungen wurden angelegt sowie 14 Sandsteinplastiken aus der Werkstatt des Dresdner Bildhauers Balthasar Permoser aufgestellt.

Da es in Mecklenburg immer wieder zu Streitigkeiten um Machtbefugnisse kam, ließ Christian Ludwig II. 1755 den »Landesgrundgesetzlichen Erbvergleich« aushandeln, der die landesherrlichen Rechte genau gegen die ständischen abgrenzte. Diese Verfassung bewirkte in der Verwaltung eine Dreiteilung in »Domanium« (land- oder forstwirtschaftlich genutztes Gut im Besitz des Landesherrn), Ritterschaft und Städte. Tagungsort des Landtages sollten abwechselnd Malchin und Sternberg sein. Die Bedeutung Schwerins nahm ab, als 1756 Herzog Friedrich der Fromme die Residenz schrittweise nach Ludwigslust verlegte. Die Gründe für die Umsiedlung des Hofes bleiben unklar. Dem südlich von Schwerin in einem großen Wald- und Jagdgebiet gelegenen Ort fehlten nämlich alle Voraussetzungen für eine Residenz. Es gab lediglich ein relativ kleines Jagdschloß, einen weiträumi-

Das Schloß in Ludwigslust Mitte des 19. Jahrhunderts

gen Park und das Dorf Klenow. Alles andere mußte erst auf dem Reißbrett entworfen und errichtet werden. Seinem Vater zu Ehren nannte Herzog Friedrich den Ort »Ludwigslust«, und in den Jahren 1772 bis 1776 entstand das neue, spätbarocke Residenzschloß.

Möglicherweise suchte Herzog Friedrich in Ludwigslust die sprichwörtliche ländliche Ruhe und Abgeschiedenheit. Unerfreulich waren die Zeiten ohnehin. Der Preußenkönig Friedrich der Große schickte seine Werber durch die Lande. Der Siebenjährige Krieg verschlang Soldaten, Geld und Lebensmittel. Mecklenburg galt dem Preußenkönig als »ein dicker Mehlsack. Klopft nur daran, es wird immer noch etwas Mehl herausfallen!« Wie sehr die Bevölkerung unter den Kriegsauswirkungen zu leiden hatte, belegt die zeitgenössische Illustration eines unbekannten Künstlers im Schweriner Kupferstichkabinett. Sie zeigt einen Bauern, der von einem preußischen Reiter angeherrscht wird: »Gib heraus, was du hast!« Der Bauer krempelt seinen Geldbeutel um und sagt: »Hier ist mein Schweiß und Blut!« Eine Frau ruft in Verzweiflung aus: »Habt ihr mir den Mann weggenommen, nehmt die Kinder auch mit!« Zur selben Zeit malte David Matthieu seine »glänzenden Bilder einer dürftigen Zeit«, die Fürstlichkeiten in Samt und Seide zeigen. Und Dietrich Findorff stach »die Kupfer der vornehmsten Prospekte von Ludwigslust«, die dem Zeitideal der Sorglosigkeit (»Sanssouci«) huldigten.

Der Baumeister Johann Joachim Busch, der Ludwigslust das Gepräge einer Residenzstadt gegeben hatte, bekam auch einige Aufträge in Schwerin. So entwarf er das Marien- oder Neustädtische Palais (1776), das Neue Gebäude am Markt (1783–85), das heute Teil des Historischen Museums ist, und das Wohnhaus des Maurermeisters Barca in der Ritterstraße 14/16.

In Schwerin hatte sich während der residenzlosen Zeit die Einwohnerzahl von 3288 im Jahre 1764 auf 9986 im Jahre 1819 verdreifacht. Das Bürgertum konnte seinen Lebensstandard erheblich verbessern. Die Ideale der Französischen Revolution – Freiheit, Gleichheit und Brüderlichkeit – fielen auf fruchtbaren Boden. 1790 revoltierten Schweriner Handwerksgesellen gegen drastische Lebensmittelteuerungen; Beschwerden wurden an die Adresse des Magistrats gerichtet und schließlich Streiks organisiert. Um 1800 löste die andauernde Lebensmittelknappheit in mehreren Städten Mecklenburgs die sogenannten »Butterrevolutionen« aus. Im November 1802 traten die Schweriner Zimmergesellen in den Ausstand und forderten Lohnerhöhungen. Die sozialen und politischen Spannungen gipfelten dann im frühen 19. Jahrhundert in den Streik- und Aufstandsaktionen vorproletarischer Schichten wie dem Schweriner Münzaufstand des Jahres 1830.

Franzosenzeit und Vormärz

Unter Herzog Friedrich dem Frommen wurde vor dem Hintergrund des alle Lebensbereiche erfassenden Reformwillens der Aufklärung 1756 die allgemeine Schulpflicht eingeführt, 1764 ein verbindliches Gesangbuch herausgegeben, 1769 die Folter abgeschafft und die Zahl der kirchlichen Feiertage reduziert. Nur kurze Zeit währten allerdings die Bemühungen, in Bützow eine Universität einzurichten. Da Friedrich kinderlos starb, übernahm sein Neffe Friedrich Franz I. von 1785 bis 1815 die Regentschaft.

Obgleich Mecklenburg sich aus dem preußisch-französischen Krieg heraushielt, hatte es doch schwer unter der Besetzung zu leiden. Als »Franzosenzeit« ging diese Ära der Truppendurchzüge und Einquartierungen auch in die Geschichte Schwerins ein. Nach der verlorenen Schlacht bei Jena und Auerstedt im Oktober 1806 flüchteten die 20.000 Mann starken preußischen Verbände unter Führung des aus Rostock stammenden Generals Leberecht von Blücher, verfolgt von 80.000 Franzosen. Unter dem Vorwand, Mecklenburg habe im Vorjahr den russischen Truppen Durchzug gestattet, wurde das Land am 28. November von Napoleon zu französischem Besitz erklärt, und der zum Gouverneur von Mecklenburg ernannte General Laval zog ins Schweriner Schloß ein. Der Legende zufolge soll ihm das »Petermännchen« ähnlich zugesetzt haben wie einstmals Wallenstein. Doch habe Laval darüber geschwiegen, um sich nicht dem allgemeinen Gespött auszusetzen. Die herzoglichen Kunstsammlungen erregten bei den Franzosen übrigens großes Interesse, und die Glanzstücke kamen, allerdings nur für kurze Zeit, in den Pariser Louvre.

Nach dem Tilsiter Frieden von 1807 mußten die Franzosen Schwerin wieder verlassen. Dennoch blieb das Herzogtum Mecklenburg von Frankreich abhängig und mußte u.a. dem Rheinbund beitreten. Herzog Friedrich Franz I. hatte 1812 für Napoleons Rußlandfeldzug insgesamt 1714 Soldaten zu stellen. Nach dem Sieg der russischen Streitkräfte über die Armee Napoleons sagte er sich vom Rheinbund los und erließ am 25. März 1813 einen Aufruf zur Befreiung von der französischen Fremdherrschaft. Damit

Die Paulsstadt Mitte des 19. Jahrhunderts

formierte sich nach preußischem Vorbild auch in Mecklenburg eine nationale Befreiungsbewegung. Am bekanntesten wurden die Lützower Freischärler, unter ihnen der patriotische Dichter Theodor Körner, der am 26. August 1813 bei Rosenberg unweit Schwerins im Gefechtfeuer getötet wurde.

Auf dem Wiener Kongreß wurden am 17. Juni 1815 Mecklenburg-Schwerin und Mecklenburg-Strelitz zu Großherzogtümern erhoben. Fortan erhielt der mecklenburgische Landesfürst den Titel eines Großherzogs, Schwerin wurde zur »Hauptstadt des Großherzogtums Mecklenburg-Schwerin«. Beide mecklenburgischen Landesteile traten dem Deutschen Bund bei, dem von 1815–66 bestehenden Staatenbund der deutschen Einzelstaaten.

In der Folgezeit machten sich die Auswirkungen der von Fürst Metternich betriebenen konservativen Bundespolitik auch in Schwerin bemerkbar: Politische Maßnahmen wie die Karlsbader Beschlüsse von 1819 beinhalteten eine scharfe Kampfansage gegen alle nationalen, demokratisch-liberalen und revolutionären Bewegungen und zielten auf eine Wiederherstellung der alten Ordnung ab.

Doch trotz politischer Unterdrückungsmaßnahmen der Restaurationszeit entfalteten sich auch in Schwerin oppositionelle Strömungen. Unter dem Eindruck der französischen Julirevolution 1830 kam es im September desselben Jahres zum »Schweriner Münzaufstand«:

Ausgelöst durch einen Münzwechsel, der auf Kosten der ärmsten Bevölkerungsschichten ging, verlangten Handwerksgesellen, kleine Meister und Tagelöhner in einem Aufstand bessere Lebensbedingungen. Das Militär schlug die Revolte nieder und erschoß den Seilergesellen Anton Starost vor dem Gebäude der Münze.

Residenzstadt Schwerin

1837, nachdem Friedrich Franz I. nach 50jähriger Regierungszeit im Alter von 80 Jahren gestorben war, trat sein Enkel Paul Friedrich die Thronfolge an. Mit der erneuten Verlegung der großherzoglichen Residenz von Ludwigslust nach Schwerin nahm die Entwicklung der Stadt ungeheuren Aufschwung. Obwohl die Regierungszeit des Großherzogs Paul Friedrich nur fünf Jahre währte, entstanden unter seiner Regentschaft zahlreiche repräsentative Bauten, die das Gesicht der Stadt entscheidend veränderten. Er veranlaßte die Anlage der – nach ihm benannten – Paulsstadt und die Aufschüttung des Paulsdammes; auch die Umbauung des Pfaffenteiches geht auf ihn zurück.

An Paul Friedrich erinnert u.a. das Bronzestandbild am Schloß, entworfen von Christian Daniel Rauch. Denkmäler wurden auch seiner Gattin Alexandrine gesetzt, denn als Tochter des preußischen Königs Friedrich Wilhelm III. und der Königin Luise hatte sie zweifellos Anteil an dem Bemühen, Schwerin aus seiner provinziellen Enge herauszubringen.

Der Architekt aber, der Schwerins Innenstadt ein ganz eigenes Gepräge gab, war Georg Adolph Demmler (1804–86). Als Sohn eines Schornsteinfegermeisters in Güstrow aufgewachsen, absolvierte er die Berliner Bau- und Kunstakademie, an der so prominente Lehrer wie Karl Friedrich Schinkel und Johann Gottfried Schadow wirkten. 1823 trat er mit dem Patent eines »Landbaukondukteurs« in mecklenburgische Dienste, protegiert von Paul Friedrich – damals noch Erbgroßherzog. 1837 avancierte er zum Hofbaumeister, 1841 zum Hofbaurat.

Zählt man die Gebäude auf, die nach seinen Entwürfen entstanden, so wird auf Anhieb deutlich, daß es diejenigen sind, die das Stadtbild noch heute wesentlich prägen: das Kollegiengebäude in der Schloßstraße, der Marstall, das Arsenal, die Rathausfassade, die Justizkanzlei in der Schelfstraße, das Städtische Krankenhaus in der Werderstraße sowie zahlreiche Gebäude am Bahnhofsvorplatz und um den Pfaffenteich. Demmler veranlaßte auch die steinerne Einfassung des künstlichen Teiches und die Trockenlegung der morastigen Uferzone. An der Ecke Arsenal-/Mecklenburgstraße, in dem prunkvollen Bau im florentinischen Palaststil, wohnte er selbst, der »Ministre sans portefeuille«, wie ihn der Volksmund wegen seines großen Einflusses auf den Fürsten nannte.

Nicht erhalten blieb das Demmlersche Hoftheater aus dem Jahre 1836. Es brannte – ebenso wie der Vorgängerbau – 1882 völlig nieder. Der Palaisbau am Alten Garten wurde nicht vollendet. Auf seinen alten Fundamenten entstand 1877–82 das heutige Museum. Auch manche der Stadterweiterungspläne Demmlers blieben im Ansatz stecken. Dennoch wurde ihm freie Hand gelassen, so daß er die in Berlin gewonnenen Eindrücke, sein geniales planerisches Denken, auf seine Arbeiten in Schwerin übertragen konnte.

Wie tiefgreifend die Zeitgenossen die Veränderungen empfanden, die durch die Demmlerschen Bauten im Stadtbild Schwerins hervorgerufen wurden, belegt die folgende Stellungnahme:

Hofbaumeister Georg Adolph Demmler

»*Seitdem die Residenz des großherzoglichen Hauses von dem wenig Annehmlichkeiten bietenden Ludwigslust nach Schwerin verlegt ist, hat ein reges, großstädtisches Leben das gemüthliche, fast ländliche Treiben verdrängt und unsere Lebensweise mit einer gewissen Noblesse überhaucht, die aber das Eigenthümliche des mecklenburgischen Volkscharakters nur wenig zu verwischen vermochte. Der Baulust des Großherzogs haben viele kleine Baracken weichen müssen, an deren Stelle Paläste getreten sind, die jede Hauptstadt Deutschlands zieren würden (...). Reichgallonirte Livreebediente, glänzende Carossen, modische Herren und mit Putz überladene Frauen, stark geschnürte Lieutnants u. dergl. füllen die Straßen. Paraden und Hofbälle, Maskeraden und*

Das großherzogliche Schloß zu Schwerin, Stahlstich von J. Gottheil

Theater führen einen ewigen Strudel von Zerstreuungen herbei, in dem die frühere einfache Lebensweise gänzlich untergegangen ist. Der Hochmuth hat sich der Bürger bemächtigt, daß sie dem Adel in allen Stücken nachthun wollen (...).«

Eine Herausforderung besonderer Art war die Umgestaltung des Schlosses. Es bestand die Aufgabe, aus einem Konglomerat von Bauten aus den verschiedensten Stilepochen etwas Einheitliches, Repräsentatives zu machen. Entwürfe wurden zwar auch von den Architekten Friedrich August Stüler, Hermann Willebrand und Gottfried Semper erarbeitet, doch Demmler sollte sich durchsetzen. Nach ausgiebigen Studienreisen reichte er seinen dritten Entwurf ein, der schließlich genehmigt wurde. Auftraggeber war Friedrich Franz II., an den das hohe Reiterdenkmal von Ludwig Brunow (1893) am Anfang des Schloßgartens erinnert.

Im Jahre 1843 begannen die Abrißarbeiten am Schloß. Lediglich die Renaissanceteile der Seeseite wurden in die Neugestaltung einbezogen. Ansonsten änderte sich das Gesamtbild vollständig, wie man bei einem Vergleich mit älteren Schloßansichten unschwer erkennen kann.

Demmler erwies sich als großartiger Organisator, nicht nur in bautechnischen Fragen, sondern auch in finanziellen und versicherungsrechtlichen Belangen. Er setzte sich für soziale Absicherungen bei Krankheit und Unfall durch die Einrichtung einer Krankenunterstützungskasse ein. Da es beim Schloßumbau innerhalb von nur vier Jahren zu 152 Unfällen kam, war dies eine wichtige sozialpolitische Neuerung.

Georg Adolph Demmler stand in Schwerin an der Spitze derer, die für mehr Demokratie eintraten. Mitten in die rege Bautätigkeit fiel die Revolution von

Blick von der Paulskirche auf das alte Schwerin 1865

1848/49. In gemäßigter Form griffen die Unruhen auch auf Schwerin über. Friedrich Franz II. hob die alte Verfassung von 1755 auf und setzte am 10. Oktober 1849 das »Staatsgrundgesetz für das Großherzogtum Mecklenburg-Schwerin« in Kraft. Diese neue Verfassung garantierte u.a. eine Reihe bürgerlicher Grundrechte (Presse-, Vereins- und Versammlungsfreiheit) sowie die Abschaffung der Prügelstrafe und das Verbot des Bauernlegens, wurde jedoch von der Reaktion bereits 1850 wieder für ungültig erklärt. Demmlers politisches Engagement für die neue Verfassung führte 1851 zu seiner Entlassung aus dem großherzoglichen Dienst. Sein Nachfolger beim Schloßbau wurde Friedrich August Stüler, der bezüglich der Fassadengestaltung gravierende Änderungen durchsetzte, zu denen auch die riesige Reiterfigur des Obotritenfürsten Niklot gehörte.

Am 26. Mai 1857 fand die Einweihung des neuen Schlosses statt:

»Unter Kanonendonner, Glockengeläute und allem höfischem Gepränge (...) Gottesdienst, Empfang von Deputationen, Verleihung von Bannern an elf beim Bau besonders beteiligte Schweriner Gewerke, Festmahl, Illumination, Fackelzug und eine Festvorstellung im Theater (...) Flotows Oper ›Johann Albrecht‹.«

Sogar eine Medaille war aus diesem Anlaß geprägt worden. Demmler erhielt sie in Gold, doch den Roten Adlerorden aus Königshand verlieh man ihm nicht. Zweifellos rückte Schwerin durch den Schloßneubau mit prunkvollem Thronsaal und Ahnengalerie in der Reihe der Residenzstädte auf. Das Schloß war ein Symbol für die gefestigten alten Machtverhältnisse.

27

Zeitgenossen kritisierten den konservativen Geist, der in Schwerin herrschte. In »Mecklenburg. Ein Jahrbuch für alle Stände« heißt es: »Die Eisenbahn kommt hier zu früh, Groß' Eile haben wir ja nie« und »Fabriken fürchtet man hier fast, Feudalität nicht dazu paßt«.

Die erste Eisenbahn fuhr im Jahre 1847 nach Hagenow, 1848–50 wurde die Strecke nach Wismar und Rostock gebaut, 1888 die nach Crivitz, ein Jahr später nach Ludwigslust-Dömitz, 1890 schließlich wurden Linien nach Parchim, Wittenburg und Gadebusch eingerichtet. Kleinere Industriebetriebe wie Eisengießereien, Brennereien, Dampfsägereien, Brauereien, Buchdruckereien, Korken-, Lack- und Firnisfabriken, eine Kunstziegelei und eine Pianofortefabrik zogen Arbeitsuchende an und sorgten für Verschiebungen in der Sozialstruktur. Die Bevölkerung wuchs in den Jahren zwischen 1861 und 1863 um 1000, zwischen 1869 und 1871 um 2000 auf insgesamt ca. 23.000 Einwohner an. Das Vereinsleben blühte auf, und die 1869 gegründete Sozialdemokratische Arbeiterpartei gewann zunehmend an Einfluß.

Gründerzeit und Erster Weltkrieg

1874 wurde auf dem Alten Garten die Siegessäule aufgestellt, die an den Deutsch-Französischen Krieg von 1870/71 erinnert, an dem auch mecklenburgische Regimenter teilnahmen. Auf der Spitze thront die Bronzefigur Megalopolis, Verkörperung Mecklenburgs, die aus erbeuteten französischen Geschützen gegossen wurde; in den Sockel sind die Namen der gefallenen Soldaten eingraviert.

Die französischen Reparationszahlungen ermöglichten erst den wirtschaftlichen Aufschwung und Bauboom der sogenannten »Gründerjahre«. In Schwerin entstanden öffentliche Repräsentationsbauten wie das Museum am Alten Garten (1882), der Theaterneubau (1883–86), der Bahnhofsneubau (1889/90) und das Hauptpostamt (1892–97). Unter dem Hofbaumeister Georg Daniel erhielt der gotische Dom 1888–1892 seinen mächtigen Westturm, der seitdem die Schweriner Stadtsilhouette entscheidend prägt. Gleichzeitig wurden in der Vorstadt und in der Paulsstadt uniforme Häuserzeilen mit tristen Hinterhöfen errichtet.

Die Verkehrsplanung kam hingegen nur zögernd voran. »Vorne einer, hinten einer, in der Mitte keiner« lautete ein Spottvers. Gemeint waren die Pferdebahnen, die von den Schwerinern nicht akzeptiert wurden. Da hatte es die Straßenbahn leichter, als sie 1881 in Betrieb ging. Der Fremdenverkehr entwickelte sich und nahm stetig zu. 1880 hatten 31.000 Fremde die Stadt besucht, 1910 waren es schon 50.000.

Angesichts dieser Entwicklung konnten sich die Stadtväter dem technischen Fortschritt nicht mehr verschließen.

Am Ende des 19. Jahrhunderts ließen die Schweriner in Kiel Dampfschiffe bauen, mit denen Vergnügungsfahrten nach Kaninchenwerder und Zippendorf unternommen wurden. Sie erhielten so klangvolle Namen wie »Friedrich Franz«, »Herzogin Alexandrine«, »Niclot« und »Obotrit«. 1913 wurden die Fokker-Flugzeugwerke, benannt nach ihrem Gründer, dem Holländer

Einweihung des Berwald Brunnens »Rettung aus Seenot« 1911

Anthony Herman Gerard Fokker, von Johannisthal bei Berlin nach Schwerin verlegt. In Görries entstanden eine Fliegerschule und ein Flugplatz.

Das Baugeschehen am Anfang des 20. Jahrhunderts, das wesentlich vom Jugendstil geprägt wurde, war – soweit es sich um Häuser im Stadtzentrum handelte – weitgehend auf Lückenbebauung angewiesen. Repräsentative Beispiele sind das Landeshauptarchiv in der Graf-Schack-Allee (1909–11 von P. Ehmig), die ehemaligen »Stadthallen« am Marienplatz (1909), das Kaufhaus in der Mecklenburgstraße 19–23 (1910 von H. Stoffers) und die ehemalige Mecklenburgische Sparbank Ecke Arsenal-/Wismarsche Straße (1905 von G. Roensch). Die Wohnhäuser am Busbahnhof mit ihren schönen Fassaden stehen auf Moorgrund und sind daher dem Verfall preisgegeben. Als Beispiel für die Jugendstilplastik verdient Hugo Berwalds »Rettung aus Seenot« Erwähnung, ein Brunnen von 1911, der heute vor dem Hauptbahnhof steht.

1914 brach der Erste Weltkrieg aus. Der Chronist Wilhelm Jesse berichtet, daß die Nachricht von »Mobilmachung und Krieg« in Schwerin mit nationaler Begeisterung aufgenommen worden sei: »Es ist leicht erklärlich, daß eine solche Stimmung in Schwerin und inmitten einer Bevölkerung, deren Gesinnung durch den Hof, das Beamtentum und das Militär bestimmt wurde, besonders lebhaft zum Ausdruck kommen mußte (...). Die Freude über die erfolgreichen Waffentaten der heimischen Regimenter, die sich gleich vor Lüttich die ersten Lorbeeren errangen, und die durch die amtliche Berichterstattung immer in siegesfroher Erwartung gehaltene Begeisterung wurde auch kaum herabgemindert durch die Trauer um die Gefallenen und Verwundeten, deren lange Listen alsbald die Heimat erreichten.«

Doch immer mehr Opfer wurden der Zivilbevölkerung abverlangt: »In alle Lebensverhältnisse griff der Krieg viel tiefer ein als alle Kriegsnöte und -leiden der Vergangenheit, von denen die Stadtgeschichte schon zu berichten hatte. Wie ein schwerer Druck, der sich von Monat zu Monat fühlbarer machte, lastete er auf jedem einzelnen.« Lebensmittel wurden rationiert, Handel, Gewerbe und Verkehr stockten. Baupläne der Stadtverwaltung für Totendamm und Domhof wurden beiseite gelegt, dafür aber das Justizgebäude 1916 fertiggestellt und der Flugplatz in Görries mitsamt der Fliegerschule ausgebaut. Die Fokker-Werke beschäftigten Hunderte von Arbeitern. Bei Holthusen entstand nach 1916 eine große Munitionsfabrik, bereits bestehende Fabriken wurden auf Kriegsindustrie umgerüstet. Fremdenverkehr und gesellschaftliche Ereignisse waren fast völlig aus dem Schweriner Alltagsleben verschwunden: »Nur an allerlei Veranstaltungen für wohltätige und vaterländische Zwecke, Blumentagen, Kriegsausstellungen, Bazaren, Nagelung der Domtür u.a. hat es nicht gefehlt, und Sammlungen von Geld oder Material für die verschiedensten Zwecke in der Form von z.B. ›Bücher-‹, ›Metall-‹ und ›Wollwochen‹ haben immer wieder an die Opferfreudigkeit der Bevölkerung appelliert.«

Kriegsmüdigkeit und Nahrungsmittelknappheit führten zu einem extremen Stimmungsumschwung. Im Juli 1917 kam es zu Demonstrationen und im Januar 1918 zu einem Streik in den Fokker-Werken, wo inzwischen 1000 Arbeiter beschäftigt waren. »Nieder mit dem Krieg!« lautete die Parole. Am 6. November 1918 verbündeten sich Soldaten mit den Demonstranten. Offiziere wurden entwaffnet, der Bahnhof, das Post- und Telegraphenamt sowie die Polizeidienststellen von Arbeitern besetzt. Ein Arbeiter- und Soldatenrat wurde gebildet und die Regierung zum Rücktritt aufgefordert. Am 14. November 1918 erklärte der Großherzog den Thronverzicht, nachdem Kaiser Wilhelm II. bereits am 9. November in Berlin abgedankt hatte. In Schwerin wurde eine bürgerliche Koalitionsregierung gebildet.

Der Krieg war verloren. Der Versailler Friedensvertrag legte Reparationszahlungen und Gebietsabtretungen fest. In Weimar trat 1919 die Nationalversammlung zusammen. Nach Wahlen kam es zu einer einheitlichen Reichsverfassung. Doch der neue Staat, die Weimarer Republik, blieb nicht unangefochten. Während des rechtsgerichteten Kapp-Putsches, der die alte Ordnung wiederherstellen sollte, kam es auch in Schwerin zu öffentlichen Unruhen. Am 15. März 1920 tobte eine Straßenschlacht zwischen Arsenal und Hauptpostamt, in deren Verlauf die von General Lettow-Vorbeck befehligten Truppen 13 Arbeiter und zwei Arbeiterinnen erschossen. An diese Opfer des Kampfes gegen die Kapp-Putschisten erinnert heute eine Gedenktafel am Hauptpostamt.

An der wirtschaftlichen Krisenlage änderte sich nichts. Das Geld wurde knapp – zunächst das Kleingeld, weil die Münzen zu Kriegsmaterial umgeschmolzen worden waren. Die Leitung der Fokker-Werke konnte die Löhne nicht länger auszahlen und beantragte beim Finanzministerium die Ausgabe von Notgeld, was nach zähen Verhandlungen endlich bewilligt wurde. Auch

Der Marienplatz um 1930

andere Städte stellten solche Anträge. Durch Einschaltung des in Rostock ansässigen Fremdenverkehrsvereins kam es zur Herausgabe des sogenannten »Reutergelds«, das für 70 mecklenburgische Orte in der Schweriner Bärensprungschen Hof-Buchdruckerei nach künstlerischen Entwürfen gedruckt wurde und sich rasch zu einem Sammlerobjekt entwickelte.

Weltwirtschaftskrise und Inflation waren auch in Schwerin nicht ohne Folgen geblieben. An größere Bauvorhaben war vorerst nicht zu denken. Die Mittel reichten gerade, um in Görries einige Industrieanlagen zu errichten, einen Industriehafen am Ziegelsee zu bauen und einige Wohngebiete seitlich der Werderstraße anzulegen. Eine Ausnahme bildete die Niklotschule am Obotritenring, die 1929 gebaut und schon ein Jahr später bezogen werden konnte. Am Ende des Jahres 1932 waren von 53.621 Einwohnern insgesamt 4707 arbeitslos.

NS-Zeit und Zweiter Weltkrieg

Die Machtergreifung der NSDAP führte auch in Schwerin zu einschneidenden Veränderungen. Die Stadt wurde Landes- und Gauhauptstadt unter Gauleiter Friedrich Hildebrandt. Zunächst ging es scheinbar aufwärts, denn es wurde wieder gebaut: Kasernen an der Ludwigsluster Chaussee und an der Güstrower Straße, Siedlungen in rotem Backstein am Stadtrand, in Neumühle, in der Güstrower Straße und – für die NS-Prominenz – am Tannenhof. Der nach dem Ersten Weltkrieg entmilitarisierte Flugplatz in Görries diente wieder der Luftwaffe. 1936 verdoppelte sich Schwerins

Einwohnerzahl durch die Eingemeindung stadtnaher Dörfer wie Medewege, Wickendorf, Warnitz, Krebsförden, Mueß, Kaninchenwerder und Ziegelwerder.

Wie überall in Deutschland beherrschten die Anhänger des »Führers« nicht nur das öffentliche Leben; sie bespitzelten alle, denen »undeutsches« Verhalten oder Denken zuzutrauen war. Verdächtig waren vor allem politisch Andersdenkende (Kommunisten, Sozialdemokraten u.a.) sowie Intellektuelle. »Volksfeinde« verschwanden über Nacht von der Bildfläche. Das Schwerin am nächsten gelegene KZ war Reiherhorst bei Wöbbelin. Daneben gab es Zuchthäuser und Gefängnisse, in denen politische Häftlinge einsaßen. 22 Mitglieder einer Schweriner Widerstandsgruppe wurden im Jahre 1934 in einem sogenannten Hochverratsprozeß zu langjährigen Zuchthaus- und Gefängnisstrafen verurteilt. Die Judenverfolgung eskalierte 1938 in der »Reichskristallnacht«, der auch die Schweriner Synagoge am Schlachtermarkt zum Opfer fiel. Im Hof des Hauses Schlachterstraße 3 wurde 1951 ein Gedenkstein errichtet, der an diese Zerstörung und die Vernichtung der jüdischen Gemeinde in Schwerin erinnert.

Widerstand gegen das brutale, totalitäre System kam vor allem aus den Reihen der KPD und SPD. Zu den vielfältigen Aktionen gehörten die Verteilung von Flugblättern, die Hilfe für gefährdete Antifaschisten und die Organisation des gemeinsamen Widerstandes mit Kriegsgefangenen und ausländischen Zwangsarbeitern. Ein Zentrum dieses Kampfes war das Lager Stalag II E auf dem heutigen Großen Dreesch.

Der Zweite Weltkrieg riß auch in Schwerin Wunden. 1940 und kurz vor Kriegsende trafen Bomben einige Straßenzüge in der Nähe des Schlachthofs, das Straßenbahndepot und vor allem den Flugplatz in Görries. Die Innenstadt hingegen blieb weitestgehend verschont. Insgesamt hatten die Schweriner 4200 Tote zu beklagen. Gegen Kriegsende war die Stadt voller Flüchtlingstrecks. Durch die Umsiedler erhöhte sich die registrierte Einwohnerzahl von 64.000 auf 94.000. Doch die nationalsozialistischen Machthaber gaben nicht auf. Noch am 2. Mai 1945, dem Tag, an dem Schwerin besetzt wurde, hängte die SS öffentlich die Lehrerin Marianne Grunthal auf dem Bahnhofsvorplatz, weil sie bei der Nachricht von Hitlers Tod gesagt hatte: »Gott sei Dank, jetzt gibt es Frieden!« Und noch ein zweites Ereignis belegt das Ausmaß der dramatischen Zuspitzung: In Raben Steinfeld erreichte am gleichen Tag ein Trupp ausgemergelter KZ-Häftlinge die Stadt, nach zehntägigem Fußmarsch von Sachsenhausen und Ravensbrück. Ihre Bewacher hatten sie auf der Flucht vor den sowjetischen Truppen hergetrieben. Von 33.000 Häftlingen starben unterwegs 6000. Deshalb ging dieses schreckliche Ereignis als »Todesmarsch« in die Regionalgeschichte ein. Um die Erinnerung daran wachzuhalten, markieren jetzt Findlinge mit Inschriften den ehemaligen Leidensweg, und der Bildhauer Gerhard Thieme gestaltete 1976 die Gedenkstätte mit einer überlebensgroßen trauernden Mutter.

Am 2. Mai zogen anglo-amerikanische Truppen aus westlicher Richtung in Schwerin ein, während sowjetische Verbände das Ostufer des Schweriner Sees besetzten. Gemäß der Konferenz von Jalta, auf der die Demarkationslinien und die zukünftigen Besatzungszonen festgelegt wurden, gerieten

Schwerin und der westliche Teil Mecklenburgs bis zur Elbe unter sowjetische Besatzungshoheit. Am 1. Juli übergaben die englischen Militärbehörden Schwerin an die sowjetischen Truppen.

Wiederaufbau und Neubeginn

Der Wiederaufbau der Wirtschaft und des kulturellen Lebens vollzog sich unter besonders schwierigen Bedingungen. Im ersten Monat nach Kriegsende standen 162 Geburten 557 Todesfälle gegenüber. Diphterie und Typhus grassierten. Die Zahl der schwerkranken Personen wird mit 8000 angegeben. Schwerin war durch die Grenzziehung und die Abschottung nach Westen von einer geographischen und politischen Mittel- in eine Randlage geraten und dadurch seiner traditionellen wirschaftlichen Verbindungen nach Lübeck und Hamburg beraubt worden. Auch die enormen Reparationszahlungen an die Sowjetunion und die Demontage von Industrieanlagen belasteten die Volkswirtschaft sehr.

Am 7. April 1946 fand im Lichtspielhaus Capitol unter der Losung »Die Einheit der Arbeiterparteien bedeutet Beseitigung der Junker, Reaktionäre und Militaristen« der Vereinigungsparteitag von KPD und SPD des Landes Mecklenburg statt. Wieder verschwanden Menschen von der Bildfläche. Über Internierungslager wie das in Fünfeichen bei Neubrandenburg mußte strengstes Stillschweigen gewahrt werden. Viele von denen, die durch die Bodenreform enteignet waren, die als Inhaber größerer Betriebe als »Kapitalisten« galten oder die in der NS-Zeit eine Rolle in Partei, Regierung oder Armee gespielt hatten, waren rechtzeitig in Gebiete geflohen, die von den westlichen Alliierten besetzt waren. Die kontinuierliche Fluchtbewegung erfaßte nach und nach auch alle anderen Bevölkerungsgruppen, besonders die jüngere Generation. Sie schwoll an, wenn sich der psychische Druck verstärkte, wenn in sogenannten »Kampagnen« Beschlüsse durchgesetzt wurden wie die Kollektivierung der Landwirtschaft, die Dezimierung der privaten Handwerks- und Handelsbetriebe oder die Entprivatisierung von Mietshäusern.

Am 7. Oktober 1949 wurde die Deutsche Demokratische Republik gegründet. Am 2. Dezember versammelten sich vor dem Schweriner Hauptbahnhof Tausende Schweriner, um den ersten Präsidenten der DDR, Wilhelm Pieck, zu hören. Prägend für die weitere Entwicklung Schwerins war die im Zusammenhang mit der Verwaltungsreform vorgenommene Auflösung der Länder in Bezirke. Im Juli 1952 wurde Schwerin »Bezirksstadt«, wodurch es in den Folgejahren zur Gründung bzw. Ansiedlung zahlreicher staatlicher, politischer und wissenschaftlicher Institutionen kam.

Gebaut wurde nun unter dem erklärten Gesichtspunkt, die Stadt aus der Rückständigkeit des mecklenburgischen Agrargebietes herauszuholen und zu »einer modernen sozialistischen Großstadt« mit Industrie zu entwickeln. Erweitert wurde das Klement-Gottwald-Werk, das Schiffszubehör von Wippkränen bis zu hydraulischen Ruderanlagen produzierte. Ausgebaut wurden auch andere Industriezweige wie Kleiderwerke und Holzverarbeitung. Als neue Stadtteile entstanden in den fünfziger Jahren die Weststadt

Abrißarbeiten im Großen Moor

und Lankow, 1956 wurde das erste Hochhaus im Lambrechtsgrund gebaut und in den Jahren 1959–62 die Sport- und Kongreßhalle mit 8200 Plätzen. Mit dem Aufbau eines Tierparks wurde 1956 begonnen. Eine Schulsternwarte mit Planetarium wurde 1962 errichtet. Zu einem neuen Wahrzeichen Schwerins gedieh zwei Jahre später der Fernsehturm in Zippendorf mit einer Höhe von 138 Metern, in dem ein Turmcafé eingerichtet wurde. Ende der sechziger/Anfang der siebziger Jahre erhielten die beiden neuen Stadtteile Erweiterungen durch Schulen, Kaufhallen, Kinderbetreuungsstätten und eine Poliklinik. Die Weststadt brachte es inzwischen auf 14.000, Lankow auf 17.000 Einwohner. Nachdem Schwerin-Süd im Jahre 1971 zum Industrieschwerpunkt erklärt worden war, mit Plastemaschinen-, Lederwaren-, Hydraulik- und Betonplattenwerk, verlagerte sich auch der Wohnungsbau in diese Richtung.

Mit 60.000 Einwohnern entwickelte sich der »Große Dreesch« zur größten Satellitenstadt Schwerins. Fast die Hälfte der Bevölkerung wohnt noch heute hier. Obgleich dieser Stadtteil mit Schulen, Kaufhallen, Gaststätten, Cafés, Bibliotheken und Dienstleistungsbetrieben durchsetzt wurde, ist er ein Anhängsel geblieben. Die in Plattenbauweise errichteten, meist fünfgeschossigen Wohnblöcke lassen trotz nahegelegener Seen und Freizeitgebiete kein Gefühl von Wohnlichkeit aufkommen. Das »eigentliche« Schwerin ist nach wie vor die Innenstadt. Doch in der Innenstadt verfielen die Häuser. Ganze Straßenzüge verschwanden oder sind nicht mehr wiederzuerkennen, auch wenn die Konstruktion der Neubauten in Höhe und Grundform den Vorgängerbauten angeglichen wurde. Das betrifft vor allem den ältesten Stadtteil

34

Der Große Dreesch

um Tappenhagen, Salzstraße und Glaisinstraße. Auch der Große Moor, die Verbindung zwischen Werder- und Puschkinstraße, hat sein Gesicht völlig verändert. Um Markt und Schlachtermarkt ist es trotz einiger Abrisse gelungen, das Flair des Altertümlichen zu wahren. Gefährdet ist auch die Bausubstanz der Schelfstadt, zu deren Rettung in den letzten Jahren Bürgerinitiativen aufgerufen haben. Jedoch sind noch immer zahlreiche alte Einzelbauten, wie beispielsweise die Wöhlerschen Weinstuben, vom Verfall bedroht.

Von Einheimischen und Besuchern begrüßt werden die in den 70er Jahren eingerichteten Fußgängerzonen im Geschäftsviertel Mecklenburg-, Schmiede-, Puschkin- und Schloßstraße. Wenn auch manche Fehlentscheidungen und Versäumnisse dem Aussehen der Stadt geschadet haben, so kann sich Schwerin doch immer noch rühmen, eine reizvolle Stadt mit einer besonderen Atmosphäre zu sein. Als einen der »schönsten Plätze deutschen Landes mit seinem Kranz von repräsentativen Bauten und seinem einzigartigen Blick über die blauende Fläche des Großen Sees« bezeichnet Edmund Schroeder den Alten Garten. Einst Sumpfland, dann Burgfreiheit, später Garten und Exerzierplatz, ist er heute der Versammlungsplatz der Schweriner und war auch Schauplatz der Demonstrationen im Herbst 1989.

Der Umbruch im Herbst 1989

Die erste öffentliche Versammlung fand am 23. Oktober 1989 statt. Das Neue Forum hatte die Veranstaltung ordnungsgemäß bei der Polizei angemeldet und auch die Genehmigung erhalten. Kurz vor Beginn wurde diese Genehmigung zwar zurückgezogen, doch war bereits nichts mehr aufzuhalten. Die

Bezirksleitung der SED beschloß daraufhin, den Spieß umzudrehen und die Massenkundgebung für sich zu nutzen. Anonyme Flugblätter tauchten auf, die zur Teilnahme aufforderten. Jeder dachte – und sollte ja auch denken –, sie kämen vom Neuen Forum. Die SED charterte Busse, um Werktätige aus den Betrieben in Wittenberge, Boizenburg, Gadebusch usw. nach Schwerin zu holen. Von diesen Machenschaften erfuhr das Neue Forum noch gerade rechtzeitig genug, um die eigenen Anhänger früher in den Dom zu bestellen. Von dort aus zogen sie – nach einer Andacht – mit Kerzen in den Händen durch die Innenstadt und schließlich zum Alten Garten. Dort standen sich nun die Fronten gegenüber: Neues Forum am Theater, Partei an der Siegessäule.

Als die Hinters-Licht-Geführten begriffen, was gespielt wurde, stellten sie sich auf die Seite des Neuen Forums. Es gab heftige Wortgefechte mit den Vertretern der Parteileitung. Der Vorsitzende floh durch die Hintertür ins nahe Kollegiengebäude, das damals noch Sitz der Bezirksparteileitung war. Protestnoten über diese Machenschaften erschienen in der regionalen Tagespresse. Seitdem war der Montag – wie in Leipzig – zum Demonstrationstag erklärt. Wie nachträglich bekannt wurde, lagen auch in Schwerin Staatssicherheit und Kampfgruppen mit Maschinengewehren im Anschlag im Hinterhalt, doch verlief die Revolution insgesamt friedlich. Die Zahl der Demonstranten stieg an und wurde schließlich auf 100.000 geschätzt (bei 130.000 Einwohnern). Aus der ganzen Umgebung kamen die Menschen zusammen. Auf den Geländern um den Pfaffenteich standen brennende Kerzen, ebenso auf den Fenstersimsen des Arsenals (Sitz der Polizei) und des Justizgebäudes am Demmlerplatz (Sitz der Stasi). Nach der Öffnung der Grenzen am 9. November brach Jubel aus. Autoschlangen krochen nach Lübeck und Hamburg, mehr stop als go, mit einem Durchschnittstempo von 4 km/h.

An der geistigen und atmosphärischen Vorbereitung der »Wende« – eigentlich kein besonders glücklicher Begriff, da es sich nicht bloß um die Veränderung einer politischen Richtung, sondern in der tiefgreifenden Konsequenz um einen grundlegenden gesellschaftlichen Umbruch handelte – waren Künstler und Intellektuelle auch in Schwerin in besonderer Weise beteiligt. Das betrifft beispielsweise den Gehalt und die Resonanz von Inszenierungen des Mecklenburgischen Staatstheaters unter der Ägide von Christoph Schroth, der mit seiner »Faust«-Version sowie mit den »Entdeckungen«, einem Reigen aufwendiger Bühnenabende mit modernen oder auch antiken Stücken – jeweils auf sämtlichen verfügbaren Spielstätten vom Großen Haus bis zur Hinterbühne zeitgleich präsentiert –, sogar international Furore machte. Bei der Premiere eines Volksliederabends im Spätherbst 1989 kam es im Publikum zu spontanen Gefühlsausbrüchen und regelrechten Verbrüderungsszenen, da das Gros der Zuschauer und -hörer in den alten Texten und Melodien ein elementares Gefühl solidarischen Zusammengehörens wiederfand, das längst verloren schien. Gegen das zunächst ausgesprochene Verbot dieser Aufführung hatte das Ensemble erstmals energisch öffentlich protestiert, u.a. mit Resolutionen, die im Foyer des Staatstheaters ausgehängt wurden. Auch in Ausstellungen und Podiumsgesprächen bilden-

Schwerin 1989 – Kerzen wurden zum Symbol der politischen Wende

der Künstler, in Konferenzen und Foren von Wissenschaftlern unterschiedlicher Disziplinen, in Zusammenkünften von Schriftstellern und Publizisten setzte eine kritische Bestandsaufnahme der jüngeren Vergangenheit ein, etwa hinsichtlich des bislang nach obrigkeitlicher Vorgabe nur selektiven Umgangs mit dem nationalen und regionalen Erbe – von der Personengeschichte bis zur Denkmalpflege. Aus alledem erwuchs der Drang nach Veränderung. So haben sich nicht wenige Künstler und »Kulturschaffende« als Seismographen und zugleich Akteure des Herbst-Umbruchs 1989 erwiesen, ohne jedoch den weiteren Verlauf dieses Prozesses mit all seinen sozialen Folgen vorausahnen zu können.

Das Tempo war wahrhaft atemberaubend: Wahlen und nochmals Wahlen. Einheit und Währungsunion. Tieffliegende Hubschrauber überwachten Geldtransporte. Danach folgten bald Ernüchterung, Arbeitslosigkeit und Verunsicherung. In Konkurrenz zu Rostock wurde Schwerin Landeshauptstadt des neuen Bundeslandes Mecklenburg-Vorpommern. Das Schloß ist heute Sitz des Landtags, das Kollegiengebäude dient der Landesregierung, das Arsenal dem Innenministerium, der Marstall dem Sozial- und Kultusministerium; Schilderwechsel, wohin man sieht, natürlich auch bei den Straßennamen. Schwerin befindet sich im Umbruch. Geschäfte werden reprivatisiert, ändern ihre Standorte und ihr Gesicht.

Die Anforderungen, die sich unter dem Gesichtspunkt der Weltoffenheit ergeben, vertragen sich nicht mit provinziellem Denken. Den Hauch von Verträumtheit aber sollte Schwerin sich ruhig bewahren – mit seinen Alleen, Parks und Wasservögeln. Und Schwäne sollten auch weiterhin Vorfahrt haben gegenüber eiligen Autofahrern. Allerdings werden größere Hotels, Parkhäuser und Kaufhäuser unvermeidbar sein. Es ist zu wünschen, daß sie sich bescheiden ins Gesamtbild einfügen und Ensembles nicht sprengen, die dann unersetzbar zerstört wären!

Schweriner Kulturleben

Kunstsammlungen

Wie viele berühmte Museen ist auch das Schweriner Kunstmuseum aus einer herzoglichen »Kunst- und Wunderkammer« hervorgegangen. Besonders Herzog Christian Ludwig II. (1683–1756) hatte einen ausgeprägten Sinn für Kunst. Seine Vorliebe galt der zeitgenössischen niederländischen und französischen Malerei. Nachdem im Jahre 1725 der größte Teil seiner Sammlungen beim Schloßbrand in Grabow vernichtet worden war, ließ er seinen Sohn Friedrich 1737–39 durch Europa reisen und in Ateliers, bei Kunstagenten und auf Versteigerungen Ankäufe tätigen. Was auf diese Weise an erstrangigen Gemälden, Handzeichnungen, Drucken und Plastiken zusammenkam, ist erstaunlich, zumal der Etat begrenzt war. Schon 1792 erschien ein erstes gedrucktes Bestandsverzeichnis der herzoglichen Gemäldesammlung mit 695 Katalognummern. 209 dieser Gemälde nahmen die Franzosen 1806 mit nach Paris. Neun Jahre später, mit dem Ende der französischen Fremdherrschaft, kamen sie jedoch zurück, meist neu gerahmt.

Im Jahre 1818 ergänzten Gemälde, Handzeichnungen, Kupferstiche und kunsthandwerkliche Gegenstände aus dem Nachlaß des Kurfürsten Maximilian zu Köln die Sammlung. Friedrich Christoph Georg Lenthe, Hofmaler und Verwalter der Kunstsammlung, äußert in seinem Katalog von 1821 die Ansicht, daß alle diese Werke an *einem* Platz besser zur Wirkung kämen. Vorerst aber war an einen ausreichend großen Museumsbau nicht zu denken. Die Kostbarkeiten verteilten sich auf herzogliche Schlösser in Schwerin, Ludwigslust, Neustadt und Rostock.

Beim Umbau des Schlosses erwies es sich als unumgänglich, die Kunstwerke auszulagern. Sie wurden in zwei zusammenhängenden Häusern in der Paulsstadt (Ecke Alexandrinen-/Wilhelmstraße) untergebracht und an drei Tagen in der Woche zur Besichtigung freigegeben. Schließlich verstand es der Geheime Kabinettsrat Dr. Eduard Prosch, den Großherzog im Jahre 1862 zu dem Entschluß zu bewegen, »ein Museum, und zwar an der Stelle, wo früher ein Palaisbau am Alten Garten beabsichtigt war, errichten zu lassen«. Vorerst aber war der Umbau des alten Schlosses vordringlicher. Erst 1877 konnte mit Hilfe der französischen Reparationszahlungen auf dem ehemaligen Fundament des Palaisbaus mit der Errichtung einer Gemäldegalerie begonnen werden. Den Entwurf in spätklassizistischem Stil lieferte Hermann Willebrand, ein Schüler Demmlers. Am 22. Oktober 1882 fand die Eröffnung statt. Erster Museumsdirektor war Friedrich Schlie, ein äußerst fähiger Vertreter seines Faches. Er entwarf den Giebelfries, der die Hochzeit Amors mit Psyche darstellt, und machte sich besonders um die wissenschaftliche Bearbeitung der reichen Museumsbestände verdient. Sein ausführliches »Beschreibendes Verzeichnis der Werke älterer Meister in der Großherzoglichen Gemälde-Galerie zu Schwerin« wurde wegweisend für die wissenschaftliche Kataloggestaltung. In den Jahren 1896–1902 gab Schlie auch die Inventarbände der »Kunst- und Geschichtsdenkmäler des Großherzog-

Das Galeriegebäude am Alten Garten

tums Mecklenburg-Schwerin« heraus, ein bis heute viel benutztes Nachschlagewerk zur mecklenburgischen Kunstgeschichte.

In den Jahren 1901 und 1912 wurde das Museum erweitert, sechs Jahre später verstaatlicht. Eine Versteigerung von Blättern aus der Graphischen Sammlung ermöglichte 1926 den Ankauf überregional bedeutender neuerer Kunst, u.a. Arbeiten von Max Liebermann und Lovis Corinth. Während des Zweiten Weltkrieges waren wichtige Bestände ausgelagert, 1961 erfolgte ihre Rückführung.

Seit etlichen Jahren beherbergt das Galeriegebäude am Alten Garten ausschließlich Werke der bildenden Kunst. Die volkskundlichen Sammlungen gingen an das Freilichtmuseum Schwerin-Mueß, die Ur- und Frühgeschichte in das Archäologische Landesmuseum im Schweriner Schloß bzw. ins Schloß Wiligrad. Obgleich Teile des Kunstbesitzes auch noch in den ehemaligen Residenzschlössern Schwerin, Güstrow und Ludwigslust gezeigt werden, reicht der Platz bei weitem nicht aus, um die Depots zu entlasten. Der Museumsbestand umfaßt gegenwärtig rund 3600 Gemälde, 52.000 druckgraphische Blätter, 8000 Handzeichnungen, 32.000 Münzen und 10.000 kunsthandwerkliche Arbeiten, darunter Porzellan, Fayencen, antike Gefäße, Prunk- und Zierwaffen sowie Möbel.

Im Obergeschoß erwartet den interessierten Besucher Malerei alter Meister vom 16.–18. Jahrhundert. Am umfangreichsten sind in den Ausstellungsräumen die holländischen und flämischen Maler des 17. Jahrhunderts vertreten. Schwerins Sammlung aus dem »Goldenen Zeitalter der holländischen Ma-

»Bauerngesellschaft« von A. Brouwer, Staatliches Museum Schwerin

lerei« ist mit insgesamt 550 Gemälden die umfangreichste und geschlossenste in Deutschland. Neben den Gemälden beherbergt Schwerin rund 4000 holländische Graphiken gleicher Entstehungszeit, darunter 173 Rembrandt-Radierungen und das vollständige graphische Werk von Adriaen van Ostade, einem Hauptmeister des holländischen Bauernbildes. Mit rund 600 Werken ist die Malerei des 18. Jahrhunderts ebenfalls außergewöhnlich umfangreich vertreten. Eine besondere Kostbarkeit stellt der künstlerische Nachlaß des französischen Malers und Radierers Jean-Baptiste Oudry dar. Der gefeierte Hofmaler Ludwigs XV. malte vorzügliche Tier- und Jagdbilder, Stilleben, elegante Portraits und gelegentlich auch Landschaften.

Im Erdgeschoß des Museumsgebäudes wird überwiegend zeitgenössische Kunst des 20. Jahrhunderts präsentiert, wobei aus Platzgründen nur ausgewählte Beispiele gezeigt werden können. Der sogenannte »Kirchensaal« enthält mittelalterliche Plastiken, Altäre und Kleinkunst vor allem mecklenburgischer Herkunft. Schwerin besitzt außerdem nach Dresden die umfangreichste Sammlung an Meißner Porzellan. Zahlreiche Exponate aus der Glas- und Porzellansammlung vermitteln hier einen Eindruck von der Produktionsvielfalt und dem kunsthandwerklichen Können traditionsreicher Manufakturen und Werkstätten. Die Schätze des Kupferstichkabinetts mit kostbaren Handzeichnungen und druckgraphischen Blättern des 16.–20. Jahrhunderts sind hingegen nur nach vorheriger Anmeldung zugänglich.

Sowie die Restaurierungsarbeiten am Ludwigsluster Schloß abgeschlossen sind, wird der Sammlungsbestand höfischer Kunst des 18. Jahrhunderts schrittweise dorthin überführt – analog zum Schweriner Schloß, das vornehmlich Kunstwerke des 19. Jahrhunderts präsentiert. Hier konnte im 1. Zwischengeschoß auch die einmalige Galerie »Malerei aus Mecklenburg« mit Werken des 18.–20. Jahrhunderts eingerichtet werden. Die ausgestellten Arbeiten veranschaulichen, auf welche Weise Mecklenburger Künstler die heimische Natur und Kunsttradition ihres Landes bildnerisch umgesetzt haben.

Die Schätze des Staatlichen Museums Schwerin sind vielseitiger und von höherem Rang, als von auswärtigen Besuchern meist vermutet wird. Ausleihen von Einzelstücken und geschlossenen Sammlungsbereichen ins Ausland häuften sich in den letzten Jahrzehnten. Die Werke reisten nach Holland, Frankreich, Polen, Ungarn, in die Sowjetunion, ja sogar bis nach Mexiko, Texas und Japan.

Ingrid Möller

Theater

Bis in das 16. Jahrhundert zurück reicht die Theatergeschichte Schwerins. Die Chroniken berichten aus jenen Jahren von geistlichen Spielen »in der Kirchen« und davon, daß Schüler und Schulmeister in der Mitte des 16. Jahrhunderts »Comedien« spielten und dafür ein Honorar aus der herzoglichen Kasse erhielten. Vom herzoglichen Hof hingen Wohl und Wehe des Schweriner Theaters ab. Die Vorlieben respektive Abneigungen der jeweiligen »fürstlichen Durchlauchten« waren es, die Theaterräume eröffneten oder

Das alte Schauspielhaus

schlossen, die Ensembles engagierten oder entließen. Das 17. Jahrhundert sieht »englische Comoedianten« als gewerbliche Wandertruppen in der Stadt, den Schauspielprinzipal Andreas Pandssen bei Hofe und die Anfänge eines Hoftheaters im Schloß.

Im Jahre 1702 eröffnet Herzog Friedrich Wilhelm auf der Schloßinsel ein »Komödien- und Gewächshaus«. Die Komödiantentruppe löst sich jedoch nach seinem Tod 1713 auf, und das Haus verfällt. Erst das Jahr 1740 markiert den eigentlichen Wendepunkt und gleichzeitigen Beginn der Schweriner Theatergeschichte. Herzog Christian Ludwig engagiert die bekannte Schönemannsche Theatertruppe als »Mecklenburgisch-Schwerinsche Hofcomödianten«, für die ein Tanzsaal des Schlosses zum Theater umgebaut wird. Das Ganze dauert vorerst nur ein Jahr, doch 1750 kommt Johann Friedrich Schönemann erneut nach Schwerin, um schon kurze Zeit später Direktor des herzoglichen Theaters zu werden. Ein Schauspieler seiner Truppe heißt Conrad Ekhof. Ekhof gilt als der »Vater der deutschen Schauspielkunst«; er war künstlerisch am französischen Theaterstil geschult, forderte und vertrat jedoch eine »natürliche«, d.h. wahrhaftige Darstellung. Im Mai 1753 gründet er in der mecklenburgischen Metropole die erste deutsche Schauspielerakademie. Die erste Blütezeit des Schweriner Theaters endet 1756 abrupt mit dem Tode des kunstliebenden Herzogs Christian Ludwig II. Dessen Nachfolger, Friedrich – mit dem Beinamen »der Fromme« –, verbietet jegliches Theaterspielen. Und erst als Friedrich stirbt, kommt das Kulturleben der Stadt wieder in Schwung.

1788 wird ein ehemaliges Reit- und Ballspielhaus am Alten Garten zu einem Schauspielhaus umgebaut. Schwerin hat sein erstes »richtiges« Theatergebäude. Es erfüllt seinen Zweck bis 1831, dann brennt es nach einer Aufführung vollkommen nieder. Der Architekt Georg Adolph Demmler, dessen Bauten auch heute noch wesentlich das Bild der Schweriner Altstadt prägen, erhält den Auftrag, ein neues Schauspielhaus zu bauen. 1836 ist es vollendet, und die Stadt hat mit dem 600 Zuschauer fassenden Großherzoglichen Hoftheater am Alten Garten ein repräsentatives Haus. Eine neue Epoche der Schweriner Theatergeschichte beginnt. Diese Ära ist u.a. geprägt von der siebenjährigen Intendantenzeit des Komponisten Friedrich von Flotow, der 1856 den Dirigenten Georg Alois Schmitt zu sich holt. Er macht Schwerin nach Bayreuth zur zweiten »Wagner-Stadt« in Deutschland und baut die seit 1563 bestehende Hofkapelle zu einem der bedeutendsten Orchester des Landes aus. Mit ihm konzertieren beispielsweise Felix Mendelssohn-Bartholdy, Clara Schumann, Joseph Joachim, Camille Saint-Saëns und Johannes Brahms. Wagners Opern prägen den Spielplan, und zur »Walküre«-Inszenierung 1878, der ersten Darbietung außerhalb Bayreuths, kommen Enthusiasten per Sonderzug aus Hamburg und Berlin.

Diese kulturelle Aufwärtsentwicklung wird durch eine Katastrophe unterbrochen. Im Jahre 1882 ereilt das Demmlersche Hoftheater das Schicksal seines Vorgängerbaus: Während einer Vorstellung von »Robert und Bertram« bricht im Bühnenhaus Feuer aus, das Theater brennt vollständig nieder. Es ist ein gewaltiger Brand, dessen Feuerschein Augenzeugenberichten zufolge bis nach Wismar, Hagenow und Malchin zu sehen gewesen sein soll. Ein Glück im Unglück: Es gibt keine Panik, der Großherzog bleibt in seiner Loge, das Orchester spielt weiter, und das Theater kann in Ruhe geräumt werden. Nur ein Todesopfer, ein Feuerwehrmann, ist zu beklagen.

Das Feuer leistet so gründliche Arbeit, daß ein Wiederaufbau unmöglich ist. Es wird ein Neubau nach den Plänen des Architekten Georg Daniel beschlossen. Im Herbst des Jahres 1883 beginnen die Bauarbeiten, erschwert durch den moorigen Untergrund, der eine aufwendige Pfahlgründung notwendig macht. Inzwischen wird in einem eilig auf dem Bahnhofsvorplatz errichteten Fachwerkbau weiter Theater gespielt. Allerdings sollen die Vorstel-

Während der Schweriner Schloßfestspiele

lungen mitunter durch den enormen Geräuschpegel des nahen Bahnhofs beeinträchtigt worden sein. Am 3. Oktober 1886 wird auf dem Alten Garten das neobarocke Hoftheater festlich eröffnet, ein mit allen technischen Möglichkeiten seiner Zeit ausgestattetes Opern- und Schauspielhaus. Es ist das erste öffentliche Gebäude der Stadt mit elektrischer Beleuchtung, noch bevor die Stromversorgung Einzug in die Privatwohnungen hält, und hat einen Zuschauerraum mit 1000 Plätzen, dazu einen Konzertsaal mit 500 Plätzen. Noch eine Besonderheit: Die Bauleute sollen damals unter dem Kostenvoranschlag der Baumeister geblieben sein!

In seiner damaligen Form präsentiert sich das Schweriner Theater im wesentlichen noch heute. In den vierziger Jahren wird der attraktive Konzertsaal zur heutigen Kammerbühne umgebaut. Eine der Kultursünden der jüngsten Vergangenheit, ein Innenumbau der fünfziger Jahre, wird seit 1977 durch schrittweise Rekonstruktion und Restaurierung korrigiert. So zeigen sich die Kassenhalle und das Seiten-Foyer, der Vorraum der Mittelloge und das »Flotow-Zimmer« im Glanz von 1886, der Zuschauerraum ist neugestaltet.

Mit der Abdankung des Großherzogs 1918 endet auch die Geschichte des Hoftheaters – es wird in »Landestheater« und 1926 in »Mecklenburgisches Staatstheater« umbenannt. Theater wird weitergespielt, außerdem hält hier der Landtag bis 1933 seine Sitzungen ab. Den Zweiten Weltkrieg übersteht das Gebäude – wie fast die ganze Innenstadt – unbeschädigt. 1946 gründet

Lucie Höflich eine der ersten deutschen Schauspielschulen nach Kriegsende. Die jüngere Theatergeschichte ist besonders geprägt von der Arbeit eines Mannes, des Schauspieldirektors Christoph Schroth. Er machte Schwerin zum Mekka für Theaterenthusiasten aus nah und fern. »Eingreifendes Theater« nennt Schroth sein Konzept, das mit den Mitteln des Volkstheaters die Verständigung mit dem Publikum über die brennenden Fragen des »Hier und Heute« sucht. »Entdeckungen« heißen die von Christoph Schroth und seiner Dramaturgin Bärbel Jaksch konzipierten Abende mit Aktivitäten in allen Räumen, Kommunikation, Gastronomie, Musik und wieder Aufführungen, mit Vor-, Haupt- und Nachtprogramm.

Der Weggang von Christoph Schroth zum Berliner Ensemble Anfang 1990 und die politische Wende haben die Suche nach einem neuen Konzept notwendig gemacht. Zahlreiche junge Schauspieler wurden engagiert, die eine neue Ära des Schweriner Kulturlebens einleiten sollen. Perspektiven der Theaterentwicklung ergeben sich auch durch den erweiterten Einzugsbereich mit den westlichen Nachbarstädten, darunter Lübeck und Hamburg.

Das Staatstheater bietet jährlich 20 bis 25 Neuinszenierungen in den Sparten Schauspiel, Oper, Operette, Musical, Ballett und Puppentheater. Auch die Fritz-Reuter-Bühne mit niederdeutschem Programm ist in ihrer sechzigjährigen Geschichte zu einem kulturellen Aushängeschild des Schweriner Theaters geworden. Seit 1993 gibt es in den Monaten Juni und Juli Aufführungen vor der Renaissance-Kulisse des Schloß-Innenhofes, die in jährlichem Wechsel vom Schweriner Schauspiel und Musiktheater ausgerichtet werden, und parallel zu den Schloßfestspielen findet seit 1994 ein Europäisches Theaterfestival mit Gastspielen auf verschiedenen Spielstätten statt.

Musik

Die klassische Musikpflege wird maßgeblich von der traditionsreichen Mecklenburgischen Staatskapelle bestimmt, deren Ursprung bis in das Jahr 1563 zurückreicht. Neben ihrer Tätigkeit als Opernorchester des Staatstheaters gibt die Staatskapelle über 20 große Sinfoniekonzerte im Großen Haus. Mitglieder der Staatskapelle bestreiten in jedem Jahr zwölf Kammerkonzerte im Thronsaal des Schweriner Schlosses und im Staatlichen Museum. Kammermusikalische Vereinigungen von Rang sind das Bläserquintett, das Streichquintett, das Streichquartett und das Blechbläserkollegium. Eine langjährige Tradition haben die alljährlichen Aufführungen von Beethovens 9. Sinfonie zum Jahreswechsel, mit Staatskapelle, Solisten und Chor des Staatstheaters sowie der Schweriner Singakademie, einem viel beachteten Amateurchor.

Das zweite große Orchester der Stadt war die Schweriner Philharmonie, die 1946 unter dem Namen »Mecklenburgisches Landesorchester« gegründet wurde. Im Jahre 1972 wurde das Orchester in »Staatliches Sinfonieorchester« umbenannt und spielte seitdem im sogenannten Festsaal des Schweri-

Der Schweriner Dom aus der Luft gesehen

ner Schlosses. Seit 1980 schließlich hieß das Orchester »Schweriner Philharmonie«. 1992 mußte das Orchester leider wegen Geldmangels sein letztes
Konzert geben.

Unvollständig wäre die Darstellung ohne die Erwähnung der Kirchenmusik.
Hauptspielorte sind der Dom, die St. Paulskirche und die Schloßkirche. Zu
den Höhepunkten des kirchenmusikalischen Lebens zählen Aufführungen
des Weihnachtsoratoriums und der großen Passionen von Johann Sebastian
Bach sowie die Orgelmusiken im Dom, die während der Sommermonate
jeden Mittwoch stattfinden.

Ingrid Möller, Helmut Schultz

Kirchliches Leben

Die Anfänge des Christentums in Mecklenburg liegen in der Mitte des 12. Jahrhunderts: Ein Zisterziensermönch namens Berno aus dem Kloster Amelungsborn in West-
falen kommt in diese Region, predigt, tauft
und sorgt – trotz zahlreicher Rückschläge –
für die Ausbreitung des christlichen Glau-
bens. Noch im gleichen Jahrhundert (1166)
wird dieser Mönch zum Bischof geweiht,
und knapp fünf Jahre später verlegt er den
Bischofssitz nach Schwerin. Bis heute hat
der evangelische Landesbischof hier seinen
Amtssitz. Die Katholiken Mecklenburgs gehören seit 1995 zum Erzbistum
Hamburg. Da Schwerin seit dem 13. Jahrhundert gleichzeitig Residenzstadt
der Herzöge von Mecklenburg war (bis 1918), haben Klerus und Adel in
ganz besonderer Weise jahrhundertelang das politisch-kulturelle Leben der
Stadt geprägt.

Heute hat Schwerin sieben evangelische und drei katholische Gemeinden.
Auf evangelischer Seite sind das: die Dom-, Schloß-, St.-Nikolai- (im
Volksmund Schelf-), St.-Pauls-, die Berno-, die Versöhnungs- (Lankow) und
die Petrusgemeinde mit insgesamt 15.660 Mitgliedern. Die katholischen
Christen gehören entweder zur St.-Anna-, St.-Martin- oder St.-Andreas-Ge-
meinde. Die kirchengeschichtliche Entwicklung der Reformationszeit hat
dazu geführt, daß in Mecklenburg die Anzahl der Protestanten deutlich
größer ist als die der Katholiken, was sich auch in der Zahl der Gemeinden
widerspiegelt.

Neben den Gottesdiensten als dem Herzstück der Gemeindearbeit gibt es
zahlreiche kirchliche Gruppen und Kreise wie die Jungen Gemeinden,
Senioren- und Frauenkreise, Öko- und Aktionsgruppen, Bibel- und Ge-
sprächskreise. Auf das vielfältige kirchenmusikalische Leben wurde schon
weiter vorn hingewiesen. Neben einem allmählichen Aufbau des schulischen
Religionsunterrichtes hat die evangelische Kirche die »Christenlehre« bei-
behalten: Kinder werden in kirchlichen Räumen mit biblischen Geschichten
auf kindgerechte Art vertraut gemacht und lernen ein gemeindeorientiertes

Leben kennen. 1994 nahmen in Schwerin 438 Kinder daran teil (1989: 643; 1990: 593; 1991: 635). Desweiteren wurden 1994 in den evangelischen Gemeinden 57 Kindertaufen, 17 Trauungen und 231 Bestattungen gezählt. In den Jahren vor der »Wende« waren die Möglichkeiten der Kirche, besonders auf dem Gebiet der Öffentlichkeitsarbeit, stark eingeschränkt. Dennoch blieben die Gemeinden aktiv, fanden immer wieder Menschen in den Kirchen einen Raum der Entspannung und Ermutigung, etwa in den über Jahre hin wöchentlich vollzogenen Friedensgebeten. Von einem dieser Friedensgebete im Dom ging dann auch an jenem, für Schwerin so bedeutsamen 23. Oktober 1989 die erste große Demonstration gegen das bestehende Herrschaftssystem aus. »Christen beten erst, bevor sie auf die Straße gehen.« – So hatte es im überfüllten Dom geheißen. Über 40.000 Menschen sollen sich an der anschließenden Demonstration beteiligt haben, die meisten mit einer brennenden Kerze als Zeichen der Gewaltlosigkeit in der Hand. In den folgenden Wochen wuchs die Beteiligung an den Friedensgebeten derart an, daß sie parallel in drei Kirchen stattfinden mußten.

An der Tatsache, daß die Christen innerhalb der Bevölkerung eine Minderheit ausmachen (in Schwerin ca. 13%), hat sich nichts geändert. Nach wie vor lösen Menschen ihre kirchliche Bindung. Nicht zuletzt entstehen der Kirche dadurch auch große finanzielle Probleme, denn allein der Unterhalt der Gebäude verschlingt riesige Summen. Aber auch die gesamte Struktur der Gemeinden muß neu überdacht werden. Die Dauerkonfrontation mit dem atheistisch-kommunistischen Staat war die Herausforderung der Vergangenheit; heute macht der Kirche vor allem zu schaffen, daß christliche Werte und Lebensformen in der Gesellschaft an Überzeugungskraft verloren haben und für viele Menschen materielle Fragen absoluten Vorrang haben.

Etwas anders sieht es im Bereich der kirchlichen Sozialarbeit, der Diakonie bzw. Caritas, aus. Zahlreiche Kindergärten und Sozialstationen bilden einen wichtigen Faktor im Leben der Stadt. Von kirchlichen Angeboten an die Öffentlichkeit wie Telefonseelsorge oder den verschiedensten Beratungsstellen (Sucht, Schulden, Ehe und Familie) wird rege Gebrauch gemacht. Die katholische Kirche hat darüber hinaus eine Grundschule in ihre Trägerschaft übernommen. Das traditionsreiche evangelische Kinderkrankenhaus »Anna-Hospital« mußte geschlossen werden, andere Einrichtungen, wie z.B. das Altenpflegeheim »Augustenstift«, konnten modernisiert und erweitert werden. In Schwerin sind auch zahlreiche kirchliche Dienststellen ansässig, etwa die Frauenhilfe, das Theologisch-Pädagogische Institut und das Predigerseminar.

Auch wenn die Gemeinden in der Zukunft mit weniger Personal und in beschränkteren finanziellen Verhältnissen leben müssen, wird der Auftrag der Kirche wahrgenommen werden. Schwerin ohne kirchliches Leben ist schlechterdings nicht vorstellbar. Gottesdienste, kirchliche Bildung und Erziehung, Kirchenmusik, Diakonie, Gesprächsforen der verschiedensten Art – all das sind Bereiche, in denen Kirche aktiv und erlebbar ist.

Ludwig Seyfarth

Stadtrundgänge

Stadtanlage

Schwerins Grundriß ist stark von topographischen Vorgaben geprägt, für die die zum Teil weit ins Stadtgebiet eingreifenden Seen das charakteristischste Merkmal sind. Abgesondert liegt auf einer Insel im Schweriner See ohne direkte Beziehung zur Stadt das Schloß. Der Grundriß der Altstadt, die sich inselartig zwischen Burgsee, dem Vorfeld des Schweriner Sees und dem Pfaffenteich ausbreitet, hat die Form eines verschobenen Fünfecks, das sich in etwa mit dem Verlauf der Mecklenburgstraße, Klosterstraße, der Burg- und Friedrichstraße umschreiben läßt. Das Straßennetz ist gitterförmig, aber infolge geographischer Gegebenheiten nicht regelmäßig. Etwa im Mittelpunkt der Stadt liegt der Markt, nördlich davon der Dom.

Deutlich hebt sich als selbständige Anlage die im frühen 18. Jahrhundert nördlich der Altstadt angelegte »Schelfstadt« ab. Während im südlichen Teil die drei älteren, radial verlaufenden Straßen erkennbar sind, zeichnet sich der nördliche Teil durch regelmäßige rechteckige Wohnquartiere aus. Der quadratische Platz mit der Schelfkirche und der ihm nördlich angegliederte rechteckige Schelfmarkt markieren das Stadtzentrum. Ab 1840 dehnte sich die Stadt schnell über ihre mittelalterlichen Grenzen aus, zunächst unter Einbeziehung des Pfaffenteiches nach Nordwesten, bald auch nach Westen. In der zweiten Hälfte des 19. Jahrhunderts wurden die Bereiche zwischen den stadtnahen Seen mit einbezogen, deren landschaftlich reizvolle Umgebung seit dem frühen 20. Jahrhundert zur Anlage von gartenstadtähnlichen Wohnsiedlungen genutzt wurde. In den zwanziger Jahren und während des Dritten Reiches wurden Wohnkomplexe in der Weststadt und in Neumühle angelegt.

Nach dem Zweiten Weltkrieg, der die Stadt fast unzerstört ließ, begann erst im Jahre 1955 mit dem Bau der Weststadt ein größeres Wohnungsbauprogramm. Dort wurde auch im September 1963 das erste Hochhaus der Stadt fertiggestellt. Es folgte Lankow (1962) und ab 1971 das Wohngebiet Großer Dreesch, das als Satellitenstadt ebenso wie Lankow in keinem städtebaulichen Zusammenhang mit der historischen Innenstadt steht. Allein auf dem Großen Dreesch wohnen über 60.000 Menschen. Alle Häuser wurden industriell vorgefertigt und vor Ort in Großplattenbauweise montiert.

Am Markt

Das Zentrum der Schweriner Altstadt ist der **Marktplatz**. Seine rechteckige Gestalt erhielt er erst nach dem Brand von 1651, eine Vergrößerung nach Norden war 1783 mit dem Bau des Neuen Gebäudes verbunden. Trotzdem

Vorherige Seiten: Blick auf die Altstadt mit Dom und Pfaffenteich; im Bildhintergrund die Schelfstadt mit dem angrenzenden Schweriner See

Der Marktplatz vom Domturm aus gesehen

ist seine Fläche im Vergleich mit den Märkten der Hansestädte an der
Ostseeküste bescheiden, ein Indiz für die geringe wirtschaftliche Bedeutung
Schwerins in der Vergangenheit.

Bestimmend für das Marktbild ist – abgesehen vom nahegelegenen Dom –
das **Neue Gebäude** an der Nordseite. Der breitgelagerte frühklassizistische
Bau mit der Kolonnade ist in den Jahren 1783–85 als Markthalle errichtet
worden, daran erinnern auch Rad und Merkurstab im Fries oberhalb der
Säulen. Das von dem Architekten Johann Joachim Busch entworfene
»Krambudengebäude« beherbergte im Erdgeschoß eine lange Reihe von
Arkaden mit Verkaufsläden und löste damit die seit dem Mittelalter ge-
bräuchlichen offenen Verkaufsstände, die sogenannten »Scharren«, ab. 1975
eröffnete im Neuen Gebäude das Stadtarchiv eine Ausstellung zur Stadtgeschichte; seit 1990 gehören Haus und Ausstellung zum Historischen Museum, das hier seinen Besuchern mit interessanten Sonderausstellungen
einen »Markt der Geschichte« bieten möchte.

An der Ostseite erhebt sich das **Altstädtische Rathaus**, ein bereits 1351
erwähnter Bau, der mehrfach durch Brände zerstört und immer wieder
aufgebaut wurde. Vom mittelalterlichen Bauwerk blieb als bescheidener Rest
eine spitzbogige Arkade an der Rückfront (heute Torbogen des Rathaus-
durchgangs) und das darüber befindliche Mauerwerk erhalten. Von dem
1654 erneuerten Bau stammen die beiden Fachwerkgiebel an der Rückfront.
Georg Adolph Demmler gestaltete die in den Jahren 1834/35 vorgeblendete
Marktfassade im tudorgotischen Stil. Der kleine **goldene Reiter** auf der

Das Altstädtische Rathaus mit dem Goldenen Reiter

mittleren Zinne ist die plastische Nachbildung des Schweriner Stadtwappens, das aus dem persönlichen Siegel Heinrichs des Löwen hervorging. Mit der 825-Jahr-Feier Schwerins im Jahre 1985 wurde das seit Ende des 19. Jahrhunderts nicht mehr als Rathaus genutzte Gebäude wieder Sitz des Oberbürgermeisters. Deshalb ersetzte man an der Rückfront einige Fachwerkbauten durch einen modernen Anbau.

Neben dem Rathaus wurde 1975 die Barockfassade des einst dem Stadtapotheker gehörenden Bürgerhauses rekonstruiert; davor stehen an den kleinen Sitzbänken zwei alte Löwenplastiken. Die drei angrenzenden Nachbarhäuser ersetzen ältere, ebenfalls 1975 abgebrochene Gebäude. Sie wurden nur in ihren Proportionen den im 18. Jahrhundert hier stehenden Bauwerken angepaßt. In Haus Nr. 11 befindet sich das Verkaufsbüro der **Schwerin-Information**. Hier starten in der schönen Jahreszeit auch die Minibusse zur Stadtrundfahrt.

Mittags um 12 Uhr ertönt vom Rathaus an der Schlachtermarktseite das Glockenspiel mit der Melodie des Liedes »Wenn alle Brünnlein fließen«. Thema des 1980 auf dem Schlachtermarkt aufgestellten Brunnens von Stefan Horota ist das alte mecklenburgische Volkslied »Von Herrn Pastor sien Kauh«.

Der **Schlachtermarkt**, heute ein stimmungsvoller innerstädtischer Platz mit Blumen- und Gemüsemarkt und Ständen fliegender Händler, ist erst am Ende des 19. Jahrhunderts durch den Abriß eines Häusergevierts entstanden. Die den Platz tangierende Schlachterstraße gibt es schon seit dem 13. Jahrhundert. Ihre Häuser entstanden in der heutigen Gestalt überwiegend im 18./19. Jahrhundert. Auf dem Grundstück von Nr. 3/5 befand sich bis zur sogenannten »Reichskristallnacht« im November 1938 die Schweriner **Synagoge**. Auf dem Hof erinnert ein Gedenkstein an sie, während das Vorderhaus (Nr. 5) Sitz der jüdischen Gemeinde zu Schwerin und des Landesverbandes der jüdischen Gemeinden in Mecklenburg-Vorpommern ist. In den restaurierten Häusern

Schlachterstraße 9–13 befindet sich die Gaststätte »Alt Schweriner Schankstuben«. Das **Haus Nr. 17** ist seit 1992 wieder Sitz der Schweriner Freimaurerloge. Städtebaulich gehört auch das den Platz im Norden begrenzende, mehrteilige Gebäude **Puschkinstraße 34** zum Schlachtermarkt. Sein 1574 erbauter zweigeschossiger Seitenflügel ist das älteste erhaltene profane Bauwerk im Stadtzentrum. Das im rechten Winkel anstoßende Barockhaus mit der schönen Rokoko-Haustür ist im frühen 18. Jahrhundert entstanden, war über zweihundert Jahre Gaststätte und Hotel und wird seit dem Ersten Weltkrieg als Verwaltungsgebäude genutzt.

Brunnen auf dem Schlachtermarkt

Der Dom

In unmittelbarer Nachbarschaft des Marktes erhebt sich der **Dom**, das einzige mittelalterliche Baudenkmal Schwerins. Seinen Platz innerhalb des Stadtgrundrisses verdankt er der Entscheidung des Stadtgründers, Herzog Heinrich des Löwen, der den nördlichen Teil des künftigen städtischen Territoriums mit der höchsten Erhebung dem Domkapitel überließ.

Wahrscheinlich noch 1160, im Gründungsjahr der Stadt, hatte Bischof Berno das bereits längere Zeit nominell bestehende mecklenburgische Bistum nach Schwerin verlegt, um die Präsenz der Kirche im entstehenden politischen und geistigen Zentrum Mecklenburgs zu sichern. Neben der später entstandenen und wenige Jahre nach Einführung der Reformation bereits abgebrochenen Franziskanerklosterkirche war der Dom der einzige Kirchenbau im mittelalterlichen Schwerin. Er hatte deshalb auch die Aufgabe einer Pfarrkirche zu erfüllen.

Der erste Dom wurde 1171 geweiht, doch sind keine Angaben über seine bauliche Gestalt überliefert. Schon gegen Ende des 12. Jahrhunderts begann man an gleicher Stelle mit einem Neubau, der die inzwischen gewachsene Bedeutung des Schweriner Bistums repräsentieren sollte. Als Vorbild wählte man den Dom im nahen Ratzeburg, der als spätromanischer Backsteinbau auch für weitere Kirchen als Vorbild diente. Bis zur Weihe im Jahre 1248 (oder 1249) entstand in Schwerin eine Backsteinbasilika mit dreischiffigem Langhaus, Querhaus, einem apsidial geschlossenen Chor und einem vorgesetzten Turm, der anfangs wohl als Zweiturmfront geplant war. Dieser Bau existierte ebenfalls nicht mehr, doch ermöglichten Grabungsfunde und Architekturfragmente des erst 1889 abgebrochenen Turmes Rückschlüsse auf seine ursprüngliche Gestalt. Die im südlichen Turmunterbau erhaltene frühgotische **Paradiespforte** ist das älteste Architekturstück Schwerins, entstanden um 1240.

Ströme von Wallfahrern zu der seit 1222 in Schwerin aufbewahrten Reliquie des Heiligen Blutes bescherten der Stadt beträchtliche finanzielle Einnahmen, die im Jahre 1270 erneut den Gedanken an einen Neubau der Schweriner Domkirche reifen ließen. Neueste Baulösungen verkörperten damals die nach dem Vorbild der nordfranzösisch-flandrischen Kathedralen errichteten Kirchenbauten in Lübeck (St. Marien) und Stralsund (St. Nikolai). Für sie war neben der basilikalen Grundgestalt besonders die durch einen Chorumgang und Kapellenkranz charakterisierte Chorlösung typisch.

Um 1270 wurde mit diesem Neubau von Osten her begonnen. Fünf mit dem Chorumgang verbundene Kapellen wurden um den Binnenchor gelegt, der seinerseits das dreijochige Chormittelschiff abschließt. Die Seitenschiffe münden in den Chorumgang. Bis 1327 vollendete man den Chor und das östliche Seitenschiff des monumentalen Querhauses. Um weiter zu bauen, mußte dann der Vorgängerbau abgebrochen werden. 1374 vollendete man das aufgehende Mauerwerk des Langhauses und die Pfeiler. Die Einwölbung von Querhaus und Schiff zog sich bis in die Mitte des 15. Jahrhunderts hin. Inzwischen begann die wirtschaftliche Kraft des Bistums zu erlahmen, so daß der geplante Turmbau nicht mehr zustande kam. Erst in den Jahren 1889–93 erhielt der Dom seinen jetzigen Turm als neogotische Ergänzung, den Entwurf lieferte der Schweriner Architekt Georg Daniel.

Im Inneren bestimmen den Dom steile Proportionen, die sich aus der Höhe der Mittelschiffgewölbe von 28 Metern, dem vertikal und ohne Zwischenglieder angelegten Wandaufriß und der Ausmalung ergeben. Die auf weiß basierende Ausmalung des Raumes, akzentuiert durch wenige farblich abgesetzte Partien, geht auf den Farbbefund aus der Mitte des 15. Jahrhunderts zurück und wurde in den Jahren 1981–88 ausgeführt.

Mittelalterliche Wandmalereien, wie sie in zahlreichen norddeutschen Kirchen zu finden sind, erhielten sich im Schweriner Dom nur in wenigen Resten. Sie bedecken die Gewölbe und Wände der **Mariä-Himmelfahrts-Kapelle** im nördlichen Querhausseitenschiff. Die Gewölbebemalung ent-

Blick durch das Langhausmittelschiff auf den Chor des Schweriner Domes

stand um 1340 und stellt Medaillons mit Evangelistensymbolen, Königen, Propheten, biblische Szenen sowie Rankenwerk dar. An der Nordseite blieben Rötel-Vorzeichnungen aus der 2. Hälfte des 14. Jahrhunderts erhalten, ebenfalls mit biblischen Darstellungen. Die einst darüber angelegten farbigen Fresken sind völlig verwittert. 1988 wurden an der Querhaussüdwand die kaum noch identifizierbaren Farbreste einer Darstellung des Schutzheiligen **Christophorus** freigelegt.

Von seiner ursprünglichen Ausstattung hat der Dom leider nur sehr wenig bewahren können. Was in der Reformationszeit aus der katholischen Vergangenheit der Kirche beseitigt wurde, können wir nur ahnen, wahrscheinlich waren es Dutzende von Altaraufsätzen, zahlreiche Einzelplastiken, Gold- und Silbertreibarbeiten, Textilien, Glasfenster u.a. In den folgenden Jahrhunderten gingen Kunstwerke durch natürlichen Verfall, durch Plünderungen, Diebstähle usw. verloren, und noch 1815 und 1867/68 beseitigte man aus ästhetischen Gründen Teile der älteren Renaissance- und Barockausstattung, weil die Kirche eine dem mittelalterlichen Aussehen entsprechende Gestalt erhalten sollte. Deshalb wurde auch eine umfangreiche neogotische Ausstattung eingebracht. Zu ihr gehören im Chor die Gestühle, Lesepult und Kanzel, das Gemeindegestühl im Schiff, die Westempore und die **Orgel**. Das viermanualige Instrument mit insgesamt 84 Registern und etwa 6000 Pfeifen entstand 1868–70 in der Weißenfelser Werkstatt von Friedrich Ladegast und ist die größte Orgel Mecklenburgs. Kein Geringerer als Albert Schweitzer hat sich für ihre Erhaltung eingesetzt. 1988 wurde eine umfassende Restaurierung abgeschlossen, so daß das Instrument heute im Gottesdienst und zu Orgelmusiken wieder in seiner ganzen Klangfülle ertönt.

Im Chor befindet sich der ehemals vor dem Lettner stehende **Kreuzaltar**, nach seinem Stifter Bischof Konrad Loste auch Loste-Altar genannt, ein spätgotischer Flügelaltar mit einer steinernen Relieftafel von ca. 1440 im Mittelschrein. Sie zeigt drei Szenen aus der Passion Christi, flankiert von zwei größeren Schnitzfiguren, die Johannes den Täufer und Maria als Patrone des Schweriner Domes zeigen. Vor dem Kreuzaltar erhebt sich der erst 1988 eingeweihte Altartisch über einem das Labyrinth symbolisierenden Fußboden, im Hintergrund des Chores steht ein neogotischer **Altaraufbau** aus dem Jahre 1844 mit einer gemalten Kreuzigung Christi von Gaston Lenthe. Zum Gedenken an seine verstorbenen Vorgänger ließ Herzog Johann Albrecht I. um 1560 vier ähnlich gestaltete **Holzepitaphien** an den Innenseiten der Chorpfeiler anbringen, wo sie noch heute hängen. Auf dem kräftigen Balken, der sich in der Triumphbogenöffnung des Chores über die gesamte Chormittelschiffsbreite spannt, hat nach ihrer Restaurierung die gotische Kreuzigungsgruppe aus der gesprengten Wismarer Marienkirche ihren Platz gefunden.

Bei einem Rundgang im Chorumgang fällt in der westlichen Kapelle das schöne **Freigrab** für Herzog Christoph und seine Gemahlin Elisabeth von Schweden auf, entstanden 1595 in der Werkstatt des niederländischen Bildhauers Robert Coppens. Auf einem hohen Unterbau mit den Wappen der Verstorbenen und vier alabasternen Reliefplatten von großer künstlerischer Qualität kniet in Lebensgröße das herzogliche Paar vor einem Betpult mit

Grabmonument für Herzog Christoph und seine Gemahlin

den Symbolfiguren Spes und Fides. Im Fenster darüber sind einzelne Wappen- und Inschriftscheiben mit **Glasmalereien** aus dem frühen 17. Jahrhundert eingesetzt worden. Die bemalten Glasfenster in den drei mittleren Chorkapellen stammen dagegen aus der Mitte bzw. dem Ende des 19. Jahrhunderts. In diesen Kapellen stehen auch **Sarkophage** von Angehörigen des großherzoglichen Hauses. Der 1842 verstorbene Großherzog Paul Friedrich, unter dessen Regierung die Residenzstadt Schwerin im zweiten Viertel des 19. Jahrhunderts ihr Gesicht zu verändern begann, hatte den Wunsch geäußert, in der ehemaligen Heilig-Bluts-Kapelle seine letzte Ruhestätte zu finden. Deshalb wurde 1842 unter Leitung von Georg Adolph Demmler mit dem Ausbau der mittleren Kapelle zur Grablege begonnen, die seitlich anschließenden Chorumgangskapellen wurden später der älteren Lösung angepaßt.

Im Mittelalter hatte man hier die Grafen von Schwerin begraben, an sie erinnern Freskoreste an den Pfeilern des Binnenchores. Auch in der südlichsten Chorumgangskapelle befindet sich eine **Gruft** mit Särgen aus dem 16. und 17. Jahrhundert, über ihnen steht die große Marmorvase. Im Fenster haben die Reste mittelalterlicher Glasmalereien aus dem 14. und 15. Jahrhundert ihren Platz gefunden. Am gegenüberliegenden Chorpfeiler hängt das

1527 in der Hütte von Peter Vischer in Nürnberg gegossene Bronzeepitaph für die Herzogin Helena im Stil der Frührenaissance. Unter der Empore im südlichen Querhausarm steht nahe dem Marktportal eine aus Wolde in der Nähe von Stavenhagen stammende **Bronzegruppe** mit dem Gekreuzigten und Maria Magdalena. Sie wurde 1854 von dem Dresdner Bildhauer Ernst Rietschel geschaffen.

In der im Querhaus befindlichen Mariä-Himmelfahrts-Kapelle steht jetzt das bronzene **Taufbecken** (Fünte) des Domes, geschaffen um 1400. Unweit davon sind an den Wänden des Querhauses beiderseits des in den Kreuzganghof führenden Portals zwei Messing-Grabplatten für insgesamt vier Bischöfe aus der Familie von Bülow angebracht. Beide Platten, die im 14. Jahrhundert in flandrischen Werkstätten angefertigt wurden, zeigen neben den Verstorbenen eine Fülle von biblischen und allegorischen Figuren und Szenen, darunter auf der großen Platte als Sinnbilder des Bösen ein Trinkgelage und ein Frauenraub. Besonderes Interesse verdienen die Darstellungen der Könige und Propheten mit ihren heute zum Teil unbekannten historischen Musikinstrumenten.

Hinzuweisen ist auch auf das Weihnachtsfenster mit der Darstellung von Christi Geburt in der Westwand der südlichen Turmnebenhalle, das 1848 entstand und ursprünglich das Fenster über dem Westportal des Domes zierte. Im Kirchenschiff hängen zwei prächtige achtzehnarmige Kronleuchter aus den Jahren 1616 und 1641.

Unbedingt zu empfehlen ist ein Aufstieg zu der in 50 Metern Höhe gelegenen **Aussichtsgalerie** des Domturmes. Wer die 200 Stufen erklommen hat, wird durch einen herrlichen Ausblick belohnt: Nach Südosten geht der Blick über den Markt zum Theater, über das Schloß bis zum Fernsehturm am Großen Dreesch, nach Osten auf den Schweriner See, nach Norden auf die Schelfstadt, nach Nordwesten über den Pfaffenteich zum Hauptbahnhof, zum Hotel Stadt Schwerin und bis zum Neubaugebiet Lankow. Schaut man nach Westen, bleibt der Blick an der Paulskirche, dem Justizgebäude und den Wohngebieten um die Wittenburger Straße hängen. Im Süden schließlich erblickt man den Ostorfer See und die Industriebetriebe Schwerin-Süds mit dem hochaufragenden Getreidesilo in Wüstmark.

Nördlich grenzt an den Dom der **Kreuzgang**. Von den Kreuzgängen an der West-, Nord- und Ostseite, die alle im 14./15. Jahrhundert entstanden und zweigeschossig überbaut sind, ist der nördliche Arm als Passage geöffnet. Im Erdgeschoß des Ostflügels befindet sich der ehemalige Kapitelsaal, die heutige Thomaskapelle. Ihre liturgische Ausstattung ist relativ jung, sie entstand nach einem Entwurf des in Dresden tätig gewesenen Bildhauers Friedrich Press. Die übrigen Bereiche nutzt die Mecklenburgische Landesbibliothek.

☞ Während der Saison ist der Dom geöffnet von Mo–Fr 10–13 und 14–17 Uhr, Sa 11–17 Uhr, So 12–16 Uhr. Öffnungszeiten außerhalb der Saison: Mo–Fr 11–12 und 14–15 Uhr, Sa 11–13 und 14–16 Uhr, So 12–15 Uhr.

Blick vom Schloßturm auf den Alten Garten

Der Alte Garten

Dieser Platz vor dem Schloß wird wegen seiner repräsentativen Umbauung auch die »gute Stube« von Schwerin genannt. Sein Name erinnert an die hier im 17./18. Jahrhundert vorhandenen gärtnerischen Anlagen, die nach der Schaffung des Schloßgartens zum **Alten Garten** wurden. 1834 wurde das Terrain nach Süden hin durch Aufschüttung am Burgsee erweitert und zur räumlichen Einfassung das noch bestehende halbe Rondell mit Linden bepflanzt, in das 1874 zur Erinnerung an den Deutsch-Französischen Krieg die **Siegessäule** plaziert wurde.

Das älteste Haus am Platz ist das **Alte Palais** an der Ecke zur Schloßstraße, ein 1791 erbauter zweigeschossiger Fachwerkbau, der acht Jahre später erweitert wurde und für lange Zeit Witwensitz mecklenburgischer Herzoginnen war. Ihm gegenüber steht an der Mündung der Schloßstraße das **Kollegiengebäude**, das spätere Regierungsgebäude I, vor der politischen Wende 1989 Sitz der Bezirksleitung der SED und heute Sitz der Staatskanzlei. Das Gebäude wurde in den Jahren 1825–34 auf dem Gelände des schon in der Reformationszeit abgetragenen Franziskanerklosters errichtet. Es war der erste größere Neubau des erst 19jährigen Baukondukteurs Georg Adolph Demmler in Schwerin, stark beeinflußt von den klassizistischen Bauten

Das Mecklenburgische Staatstheater am Alten Garten

seines Lehrers Karl Friedrich Schinkel. Demmlers dreiflügelige Anlage mit dem großen Säulenportikus vor dem Mittelbau wendet ihre Frontseite nicht dem Alten Garten, sondern der engen Schloßstraße zu. Auf dem Dach stehen Sandsteinplastiken fünf antiker Gottheiten, die symbolisch auf die Regierungsgewalt verweisen. 1890/92 wurde das Kollegiengebäude durch das danebenliegende Regierungsgebäude II erweitert, das auf einen Entwurf des Baurates Georg Daniel zurückgeht.

Daniel plante auch den Bau, der das heutige Erscheinungsbild des Alten Gartens am stärksten bestimmt: das Mecklenburgische Staatstheater, das zwischen 1882 und 1886 anstelle des abgebrannten Demmlerschen Vorgängerbaus im Stil der italienischen Hochrenaissance errichtet wurde. Nur der Zuschauerraum mit seinem reichen Stuckdekor in Rokokoformen blieb bis heute in seiner ursprünglichen Gestalt erhalten, die übrigen Räume wurden bei einem Innenumbau in den sechziger Jahren »purifiziert«. Seit 1977 bemüht man sich jedoch um eine schrittweise Rekonstruktion der ehemaligen Innenausstattung, die für einzelne Bereiche wie die Kassenhalle, das Seitenfoyer und das »Flotow-Zimmer« bereits abgeschlossen werden konnte.

Die nördliche Platzfront nimmt das Gebäude des **Staatlichen Museums** ein. Der spätklassizistische Bau nach einem Entwurf von Hermann Willebrand, einem Mitarbeiter Demmlers beim Schloßumbau, stammt aus den Jahren 1877–82. Das Museum wurde zunächst als Gemäldegalerie eröffnet und zeigte die reichen Sammlungen niederländischer Meister des 17. Jahrhunderts. Inzwischen umfaßt der Museumsbestand neben der Gemäldesamm-

Fahrgastschiffe der »Weißen Flotte« auf dem Schweriner See

lung auch Münzen, druckgraphische Blätter und 10.000 kunsthandwerkliche Arbeiten, u.a. Porzellan, Gläser, Prunk- und Zierwaffen sowie historische Möbelstücke.

☞ Öffnungszeiten des Galeriegebäudes am Alten Garten: Di 10–20, Mi–So 10–17 Uhr. Führungen: So 11 Uhr, Mi 15 Uhr und nach Vereinbarung. Angeschlossen sind ein Museumsshop und eine Cafeteria.

Die Anlegeplätze der Fahrgastschiffe der **Weißen Flotte** befinden sich nur einen Steinwurf vom Museumsgebäude entfernt. Ab Saisonbeginn starten täglich mehrmals Dampfer zu Seerundfahrten. Im Linienverkehr werden von hier aus auch Zippendorf, Mueß und die unter Naturschutz stehende Insel Kaninchenwerder angesteuert.

Das Schloß

Dieser vieltürmige, märchenhaft auf einer Insel im Südteil des Schweriner Sees stehende Bau ist das meistbesuchte Baudenkmal der Stadt und eines ihrer Wahrzeichen. Auf der flachen Insel, auf der das **Schloß** steht, setzt auch die Geschichte der heutigen Stadt ein. Die slawische Hauptburg des Obotritenstammes war 1160 eines der Ziele des Ostfeldzuges von Heinrich dem Löwen bei seinem Vormarsch in das spätere mecklenburgische Gebiet. Von ihren Verteidigern selbst noch zerstört, wurde die **Burg** unter deutscher

Vorherrschaft erneut aufgebaut und Sitz eines Statthalters, ab 1167 Grafensitz. 1358 siedelten die mecklenburgischen Herzöge in diese Burg über, die spätestens seit dem 16. Jahrhundert die Züge eines Schlosses annahm. 1553–55 ließ Herzog Johann Albrecht I. anläßlich seiner bevorstehenden Hochzeit mit einer preußischen Prinzessin die Ostteile umbauen und zu wohnlichen Flügeln ausgestalten. 1560 wurde nach Torgauer Vorbild mit dem Bau einer protestantischen **Schloßkapelle** begonnen. Weitere Umbauten erfolgten im 17./18. Jahrhundert.

Als 1837 die Residenz von Ludwigslust nach Schwerin zurückverlegt wurde, erschien Großherzog Paul Friedrich das alte Schloß als Wohnsitz ungeeignet. Er begann deshalb mit einem Palaisbau am Alten Garten. Sein 1842 auf den Thron gelangter Nachfolger Friedrich Franz II. indes sah im Umbau des Schlosses eine Chance, die Kontinuität der mecklenburgischen Landesherrschaft, die sich vom letzten freien Slawenfürsten Niklot ableitete, zu dokumentieren. Er beauftragte deshalb seinen Hofbaumeister **Georg Adolph Demmler** mit der Umgestaltung. In diesen Planungsprozeß wurden auch der Dresdner Architekt Gottfried Semper, Schöpfer der dortigen Gemäldegalerie und Oper, und der am Berliner Schloßumbau beteiligte Friedrich August Stüler einbezogen. Erst der dritte Entwurf Demmlers, für den er Anregungen aus seiner dreimonatigen Studienreise nach Frankreich und England verarbeitete, die ihn auch an das berühmte Loire-Schloß Chambord geführt hatte, fand die Zustimmung des Bauherrn.

Nach Abbrucharbeiten in den Jahren 1843–45, bei denen die vier Renaissanceflügel an der Seeseite ausgespart wurden, konnte mit dem eigentlichen Umbau begonnen werden. Inmitten der Arbeiten verlor Demmler seine Anstellung als Hofbaurat. Als aktives Mitglied der Schweriner Bürgerschaft hatte er sich seit dem Revolutionsjahr 1848/49 für eine Verfassungsreform eingesetzt. Von Regierungsseite wurde zunächst ein Disziplinarverfahren gegen Demmler angestrengt, der daraufhin noch im Oktober 1850 seinen Abschied einreichte. Im Juni 1851 wurde ihm schließlich gekündigt, nachdem er schon zuvor seine Ämter als Hofbaurat und Mitglied der Schloßbaukommission verloren hatte. Sein Nachfolger wurde der Berliner Architekt Stüler, der die Pläne seines Konkurrenten an der Stadtseite veränderte. Er entwarf eine neue Kuppellösung, ein Figurenprogramm über dem Haupteingang und die Ehrenhofgestaltung. Im Mai 1857 fand die feierliche Einweihung statt. Der Komponist Friedrich von Flotow komponierte eigens für diesen Anlaß eine Oper.

Beim Rundgang um das Schloß sollte man am **Hauptportal** beginnen. Vom Ehrenhof aus sind in der Stadtfront die Nischenstandbilder von Grafen und Herzögen zu sehen, darüber in einer Halle das Reiterdenkmal des Urvaters der mecklenburgischen Herzöge, des 1160 gefallenen Obotritenfürsten Niklot. Hier befindet sich auch der Hauptzugang zu den Fraktions-, Sitzungs- und Verwaltungsräumen des **Landtages von Mecklenburg-Vorpommern**. Das nach der politischen Wende frei gewählte Parlament trat am 26.10.1990 im Schweriner Schloß zu seiner ersten Sitzung zusammen. Durch den **Burggarten** erreicht man die nordwestliche Eckbastion mit dem kleinen, schwalbennestartig aufgesetzten Teehäuschen. Links davon wird der erst im

Giebeldetail mit Zierschornsteinen und Terrakottadekor

Jahre 1855 angefügte neogotische Chor der **Schloßkirche** sichtbar, für den der Kölner Dombaumeister Zwirner den Entwurf lieferte.

Nach Passieren der **Felsengrotte** erreicht man die Kolonnade am Orangeriehof mit einem guten Blick auf den Hauptturm, das Große Neue Haus (auch Neues Langes Haus genannt) und das Bischofshaus. Die Gebäude beiderseits des Turmes sind Paradebeispiele für die mecklenburgische Renaissancearchitektur des mittleren 16. Jahrhunderts, für die der **Terrakottadekor** typisch ist. Geformt und gebrannt hat diese Platten der aus Lübeck stammende Statius von Düren. Die Medaillons mit Herrscherpersönlichkeiten aus der Antike und der Renaissance sowie die Ornamentplatten sind gänzlich im 19. Jahrhundert durch Kopien ersetzt worden.

Zu Füßen des Hauptturmes liegt die **Orangerie**. Ihr von der Kolonnade eingefaßter Hof war eine stimmungsvolle Kulisse für Theater- und Konzertveranstaltungen. Hinter der großen Platane, die sich schattenspendend über den kleinen Hof mit dem Muschelbrunnen breitet, erhebt sich das im Stil der niederländischen Renaissance errichtete Haus über der Schloßküche. Der dem Schloßgarten zugewandte **Südflügel** mit der Durchfahrt aus dem Hof ist der Hauptzugang zum Schloßmuseum. Den Balkon über dem Jägerportal zieren zwei fast lebensgroße Heroldfiguren des Bildhauers Albert Wolff. Nach Südwesten liegt der **Burgseeflügel**, vor ihm steht das 1849 auf dem Alten Garten enthüllte Bronze-Standbild des Großherzogs Paul Friedrich von Christian Daniel Rauch. Paul Friedrichs kurze Regierungszeit (1837–1842) verwandelte Schwerin von einer kleinen, provinziellen Residenz in eine für damalige Verhältnisse großzügig ausgebaute und mit zahlreichen neuen öffentlichen Bauten geschmückte Residenzstadt.

Der prunkvolle Thronsaal in der Festetage des Schloßmuseums

Das nach dem Ersten Weltkrieg in Staatseigentum übergegangene Schloß wurde in den Jahren 1920 bis 1945 als Museum genutzt. Nach dem Zweiten Weltkrieg diente das Schloß als Schul- und Verwaltungsbau. Bis 1974 waren die Räume für Besucher unzugänglich.

Die bislang restaurierten historischen Räume sind Teil des **Schloßmuseums**. In der **Beletage** sind zur Zeit der ehemalige Speisesaal, die Rote Audienz, das Teezimmer, das im Turm gelegene Blumenzimmer, das Wohnzimmer der Großherzogin, das Winterzimmer und die Sylvestergalerie zu besichtigen. Alle diese Räume, die zum Wohnbereich der großherzoglichen Familie

Die Ahnengalerie mit Portraits der mecklenburgischen Landesfürsten

gehörten, zeichnen sich durch ihre gediegene Raumausstattung mit edlen Holzvertäfelungen, Intarsienfußböden, Stukkaturen und geschnitzten Deckenbalken aus.

In der darüber liegenden **Festetage** befinden sich Räume, die offiziellen Charakter haben, wie Thronsaal und Ahnengalerie, die Schlössergalerie oder die Bibliothek. Besonders im **Thronsaal** beeindruckt die prunkvolle Ausstattung, denn hier sind edle Materialien wie Carrara-Marmor, vergoldete Stukkaturen, farbenprächtige Freskenmalereien und Gemälde zu einer Einheit verwoben. Als das Schloß im Jahre 1913 durch einen Brand zu etwa einem Drittel zerstört wurde, fiel der ähnlich ausgestattete, aber wesentlich größere Festsaal den Flammen zum Opfer. Die **Ahnengalerie** im Thronsaal zeigt die mecklenburgischen Landesfürsten vom 14.–18. Jahrhundert in größtenteils originalen Portraits früherer Hofmaler. Ergänzt wurde die Ahnengalerie in der Mitte des 19. Jahrhunderts durch den Hofmaler Theodor Fischer, der im Stil des Historismus insgesamt zwölf fürstliche Portraits neu gestaltete und 14 alte, erhalten gebliebene Gemälde restaurierte. Die parallel verlaufende Schlössergalerie stellt die bedeutendsten Schloßbauten im Besitz der großherzoglichen Familie aus, darunter Güstrow, Ludwigslust und das Palais in Rostock.

Ein Bestandteil des Schloßmuseums ist auch die Galerie »Malerei in Mecklenburg«, die Gemälde aus dem 18.–20. Jahrhundert umfaßt und in den ehemaligen herzoglichen Kinderzimmern im 1. Zwischengeschoß untergebracht ist.

☞ Öffnungszeiten des Schloßmuseums: April bis Oktober Di–So 10–18 Uhr; Oktober bis April Di–So 10–17 Uhr. Zu besichtigen sind die Prunkräume und Kunstsammlungen der Fest- und Beletage, außerdem die Galerie »Malerei in Mecklenburg«. Führungen durch die Mitarbeiter des Museums.

Burg- und Schloßgarten

Vor oder nach dem Besuch des Schlosses empfiehlt sich ein Rundgang durch den Burg- und Schloßgarten. Der **Burggarten** ist der im Jahre 1857 entstandene Gartenbereich auf der Schloßinsel, der vor allem durch den Zusammenklang von Architektur, Garten und Seelandschaft wirkt. Neben botanischen Besonderheiten, darunter ein breitwüchsiger Gingko, lockt ein Blick auf den weiten Schweriner See (am schönsten ist die Aussicht oberhalb der Grotte), auf den Komplex des Marstalls jenseits der Schloßbucht oder eine Ruhepause unter schattigen Bäumen. Verläßt man die Schloßinsel über die hintere Brücke, gelangt man in den **Schloßgarten**. Dieser Barockpark hat ältere Vorläufer, ist aber in seiner heutigen Gestalt wesentlich das Werk des französischen Gartenarchitekten Jean Legeay. Wichtigstes Gestaltungselement des Schloßgartens, der in den Jahren 1748–56 entstand, ist der **Kreuzkanal**, dessen nördlicher Teil im 19. Jahrhundert zugunsten der Laubengänge zugeschüttet wurde. An den Ufern wurden 14 **Sandsteinplastiken** antiker Gottheiten und Allegorien der vier Jahreszeiten aufgestellt, die um 1720 in der Werkstatt des Dresdner Bildhauers Balthasar Permoser entstanden. Sie sind 1960 durch Kopien ersetzt worden.

Das bronzene **Reiterdenkmal** im vorderen Teil des Schloßgartens wurde 1893 aufgestellt. Es stammt von Ludwig Brunow aus Berlin und stellt Großherzog Friedrich Franz II. dar, in dessen Regierungszeit das Schloß umgebaut wurde. Den südlichen Teil des Gartens begrenzen die **Kaskaden**, die ebenfalls in der Barockzeit in der Hanglage geschaffen wurden, für die aber aus technischen Gründen damals keine Wasserspiele zustandekamen. Der kleine **Pavillon** seitlich des Kreuzkanals entstand 1818 als Café, diesem Zweck dient er noch heute.

Im 19. Jahrhundert erfuhr der Schloßpark eine Erweiterung nach Südosten im englischen Landschaftsstil. Der bedeutende Landschaftsarchitekt Peter Joseph Lenné entwarf um 1840 die Pläne dafür. Der **Grünhausgarten** bekam zur gleichen Zeit durch den Bau des großherzoglichen Sommerhauses (Greenhouse) seinen architektonischen Bezugspunkt. Im Garten steht auch das 1907 enthüllte Marmorstandbild der Großherzogin Alexandrine von Hugo Berwald. Jenseits des Grünhausgartens liegt am Ufer des Faulen Sees die alte **Schleifmühle**, ein 1985 (rekonstruiertes) Fachwerkgebäude mit

Im Schloßgarten

Die alte Schleifmühle

großem unterschlächtigem Wasserrad. Seit dem 18. Jahrhundert wurden hier mit Wasserkraft heimische Steine gesägt und z.B. zu Tischplatten, Fenster- und Kamingesimsen verarbeitet. Als technisches Denkmal ist die Schleif- mühle heute dem Historischen Museum Schwerin angeschlossen.

☞ Die Schweriner »Schleifmühle« hat vom 1. April bis 30. November Di–So von 9–17 Uhr geöffnet. Neben der Schauanlage gibt es eine kleine Ausstel- lung zur Mühlengeschichte. Vorführungen der Mühlentechnik nach Bedarf, für Gruppen nach Voranmeldung.

Schloßstraße

Zwischen dem Alten Garten und dem Marienplatz, dem innerstädtischen Verkehrsknotenpunkt, verläuft die **Schloßstraße**, heute ein Teil der Fußgän- gerzone. In Schloßnähe konzentrieren sich die Gebäude, die im 19. und Anfang des 20. Jahrhunderts für die zentralen Landesbehörden geschaffen wurden. Neben dem schon erwähnten Regierungsgebäude I erhebt sich das stilistisch ähnliche, aber erst gegen Ende des 19. Jahrhunderts nach einem Entwurf von Georg Daniel errichtete Regierungsgebäude II. Mit dem älteren Regierungsgebäude ist es durch einen gedeckten Übergang verbunden, den der Volksmund spöttisch »Beamtenlaufbahn« genannt hat. Unter diesem Gang hindurch wird das in der Graf-Schack-Allee stehende Gebäude des **Mecklenburgischen Landeshauptarchivs** sichtbar, ein 1909–11 nach Plä- nen von Paul Ehmig auf einer Pfahlgründung errichteter Zweckbau, der aus einem Verwaltungsgebäude und dem hohen Magazinbau besteht.

Das Regierungsgebäude I, Stahlstich von J. Gottheil

Nach Norden zweigt gegenüber dem Regierungsgebäude die Ritterstraße ab, in der eines der schönsten Beispiele für den barocken Backsteinbau zu sehen ist: das **Haus Nr. 14/16** ist um 1770 wohl nach einem Entwurf des Schweriner Hofmaurermeisters Johann Cornelius Barca entstanden. Etwa zur gleichen Zeit erhielt das Haus **Schloßstraße 10**, heute Sitz einer Polizeiwache, eine Fassade im Rokokostil, die vor einigen Jahren restauriert wurde, obwohl man das eigentliche Haus, einen Fachwerkbau, nicht erhalten konnte. Das benachbarte Haus **Schloßstraße 12** ist ein ehemaliges Hotel, 1844 nach dem Entwurf Demmlers »für vornehme Fremde« erbaut. Heute dient es als Verwaltungsgebäude, ebenso wie der Bau schräg gegenüber (**Schloßstraße 9–11**), 1911 als Hotel »Nordischer Hof« eröffnet.

Auf der südlichen Straßenseite steht weiter in Richtung Marienplatz die katholische **Propsteikirche St. Anna**, ein barocker Bau nach dem Entwurf von Johann Cornelius Barca, eingeweiht 1795 als erster nachreformatorischer Kirchenbau der Katholiken in Mecklenburg. Das Kircheninnere enthält nur noch Teile der ursprünglichen Ausstattung. Der von einem Tonnengewölbe überdeckte Raum wurde 1983–85 erneuert, nach Osten um eine Apsis erweitert und erhielt einen ins Untergeschoß gelegten Andachtsraum.

☞ Tip: Wenn das Hauptportal geschlossen ist, wende man sich an das südlich der Kirche gelegene Pfarramt, Klosterstraße 13. Anfangszeiten der Messen im Schaukasten neben dem Eingang.

Gegenüber der Kirche mündet die vom Markt kommende Schusterstraße in die Schloßstraße, wenige Schritte zur Linken befindet sich die traditionsreiche Gaststätte **Weinhaus Uhle** (Schusterstraße 13/15) mit ihren historistischen Gasträumen aus dem Jahre 1905. In der 50 Meter weiter westlich

Altes Fachwerkhaus in der Buschstraße 15

ebenfalls von Norden einmündenden Buschstraße erhielt sich mit dem Fachwerkhäuschen **Nr. 15** ein Beispiel für ein privates Schweriner Wohnhaus aus der Zeit um 1700.

Großer Moor

Dieser Straßenzug verbindet die Puschkinstraße mit der Werderstraße. Die Reithalle des 1838–43 nach Plänen Demmlers erbauten **Marstalls**, der heute Sitz des Kultus- und des Sozialministeriums von Mecklenburg-Vorpommern ist, begrenzt den Straßenraum im Osten sehr wirkungsvoll. Damit wird ein

wenig von der bescheidenen Neu-
bebauung abgelenkt, die nach 1975
an der Ostseite der Straße anstelle
von älteren Fachwerkgebäuden errichtet wurde, die man im Zuge der
innerstädtischen Sanierung abgerissen hatte. Die zweifellos durch
jahrzehntelange Vernachlässigung
schadhaften Gebäude im Quartier
zwischen Theater, Großem Moor
und Burgstraße gehörten aber zur
ältesten Bausubstanz der Stadt und
verliehen diesem Bereich ein Flair,
das mit ihrem Abbruch verloren-
ging.

Auf der östlichen Straßenseite stehen **palaisartige Fachwerkgebäude** aus dem 18. Jahrhundert: Nr. 30
beherbergte früher ein Offizierska-
sino und ist heute Verwaltungsbau;
im Haus Nr. 36 hat das Theater-Café
seit einigen Jahren seinen Platz gefunden; Nr. 38 ist der Hauptsitz des
Historischen Museums, ein vermutlich um 1720 errichteter Fach-

Puschkinstraße 17

werkbau, der originalgetreu restauriert wurde und seit 1985 die stadtgeschichtliche Sammlung beherbergt. Ein spätklassizistischer Raum mit rekonstruierten Wandmalereien enthält das Interieur eines biedermeierlichen
Wohnraums. Gegenwärtig wird das Haus Großer Moor 38 zu einem stadtgeschichtlichen Forschungs- und Ausstellungszentrum umgestaltet.

☞ Öffnungszeiten des Historischen Museums, Haus Großer Moor Nr. 38:
Di–So 10–18 Uhr. Die Wiedereröffnung der stadtgeschichtlichen Dauerausstellung ist für Oktober 1995 geplant.

Die Schelfstadt

Dieser Teil der Stadt ist in mehrfacher Hinsicht ein Bereich mit eigener
Prägung. Das im Westen vom Pfaffenteich, im Süden von der Friedrich- und
Burgstraße, im Osten von der Werderstraße und im Norden vom Ziegelinn-
ensee und der Knaudtstraße begrenzte Gebiet war 1705 bis 1832 eine
eigenständige, vom benachbarten Schwerin verwaltungsmäßig unabhängige
Kommune. Im Stadtgrundriß und besonders in seinen Bauten offenbart der
Stadtteil weitere Besonderheiten.

Die »Schelfe« (= flache Insel) war im Mittelalter bischöflicher Besitz mit
einem Fischerdorf und einer Pfarrkirche; im südlichen, stadtnahen Bereich
siedelten sich später in der heutigen Pfaffen-, Puschkin- und Fischer-/Münz-

Historische Fachwerkbauten am Schelfmarkt

straße auch Schweriner Bürger an. Im Jahre 1705 erließ Herzog Friedrich Wilhelm ein Edikt zur Anlage der »Neustadt Schwerin«, die auf der Schelfe entstehen sollte und zur Ansiedlung von Glaubensflüchtlingen aus Frankreich sowie von Handwerkern und Gewerbetreibenden aus anderen Gegenden gedacht war. Der Herzog war daran interessiert, auf diese Weise die Wirtschaftskraft seines Landes zu stärken. Noch im selben Jahr begann man mit der Anlage der Stadt nach dem Plan des Ingenieur-Kapitäns Jacob Reutz, der eine barocke Grundrißlösung mit sich rechtwinklig schneidenden Straßen vorgesehen hatte. Als normale Wohnbebauung schlug er in den Hauptstraßen zweigeschossige, in den Nebenstraßen eingeschossige **Fachwerk-Traufenhäuser** vor, für die er Typenvorschläge lieferte und die der Herzog mit steuerlichen Nachlässen, durch Bereitstellung von Baumaterial und andere Maßnahmen begünstigte. Fachwerkgebäude prägen deshalb bis in die Gegenwart das Bild der Schelfstadt ganz entscheidend.

Reutz' stadtplanerisches Talent zeigt sich auch im Mittelpunkt der Schelfstadt, wo er leicht versetzt den quadratischen Platz mit der Stadtkirche und den längsrechteckigen Markt aneinanderreihte und so die wohl schönste Platzgruppe Schwerins schuf. Die Umbauung der Schelfkirche, bestehend aus den Häusern Puschkinstraße 1–11 und der Lindenstraße, bilden allerdings nur noch zum Teil Gebäude des frühen und mittleren 18. Jahrhunderts, einige sind erst im 19. Jahrhundert hinzugekommen, so das neogotische Eckhaus Lindenstraße 1/Puschkinstraße 2 aus dem Jahre 1857 oder das

Die Schelfkirche

78

Jugendstilhaus Puschkinstraße 1 von 1905. Am **Schelfmarkt** zeigt die Westseite noch schöne Fachwerkbauten wie die Apotheke und das Doppelhaus Nr. 3/4, zwischen ihnen steht das 1776 in der jetzigen Form erbaute ehemalige **Rathaus**. Besonders attraktiv ist das erst unlängst restaurierte große Eckgebäude **Taubenstraße 19**, das die torähnliche Situation am Beginn der nach Norden führenden Schelfstraße prägt.

Der kunstgeschichtlich bedeutendste Bau ist die **Schelfkirche** (St. Nikolai), deren Plan ebenfalls von Reutz stammt. Sie wurde 1708 begonnen und ist ein kreuzförmiger Backsteinbau mit vorgesetztem Westturm. Mit ihrer Entstehung wurde in Mecklenburg nach mehr als 150jähriger Pause wieder der reine Backsteinbau eingeführt, hier in wirkungsvoller Kombination mit Schmuckwerk aus Sandstein. Nach Reutz' Tod im Jahre 1710 führte der Architekturtheoretiker L.Ch. Sturm den Bau bis 1713 zu Ende. In der **Gruft** unter dem Chor ruhen mehrere Angehörige des mecklenburgischen Herzogshauses, unter ihnen auch die aus Mecklenburg stammende 3. Gemahlin des ersten preußischen Königs Friedrich I., Sophie Louise (gest. 1735).

In der **Puschkinstraße** stehen im Bereich zwischen Schelfmarkt und Friedrichstraße mehrere sehenswerte Gebäude: das schöne Fachwerkhaus Nr. 17 mit der reizvollen Rokoko-Haustür, das im 19. Jahrhundert stark veränderte ehemalige Neustädtische Palais (Nr. 19), ein altes Fachwerkgiebelhaus (Nr. 20) und am Anfang der Fischerstraße die bekannte Weingaststätte »Wöhler«, die allerdings seit Jahren geschlossen ist.

Pfaffenteich und Paulsstadt

Mit 13 ha ist der nordwestlich des Zentrums gelegene **Pfaffenteich**, plattdeutsch »papendiek«, das kleinste der Schweriner Gewässer und zugleich auch das einzige künstlich angelegte. Vermutlich 1160 im Jahr der Stadtgründung entstanden, sollte er als Mühlenteich das Antriebswasser für die in der Stadt gelegene gräfliche Mühle liefern und darüber hinaus die offene Nordwestflanke der Stadt schützen. Zu diesem Zweck wurde der Aubach durch die Aufschüttung des heutigen Spieltordammes gestaut. Jahrhundertelang lag der Pfaffenteich vor der Stadt, denn am heutigen »Haus der Kultur« an der Ecke Mecklenburg-/Arsenalstraße befand sich die nordwestliche Randzone des innerstädtischen Gebiets. Als um 1840 eine Stadterweiterung unumgänglich wurde und sich die Anlage eines neuen Stadtviertels westlich des Pfaffenteiches anbot, schlug der Hofbaumeister Demmler vor, das Gewässer als städtebauliches Element zu nutzen. Es wurden am Süd- und Westufer Aufschüttungen vorgenommen und mit der Randbebauung begonnen, nachdem die westliche Uferlinie zuvor begradigt worden war.

Die Häuser der heutigen Karl-Marx-Straße entstanden zwischen 1840 und 1865. Den Anfang machte das **Arsenal**, das nach Plänen Demmlers in tudorgotischen Formen erbaut wurde (1840–44). Zur gleichen Zeit entstand nach einem Entwurf von August Bartning das für die großherzogliche Verwaltung erbaute **Amtshaus** (Nr. 20/21). Mehrere Gebäude wurden später in ihrer architektonischen Erscheinung verändert, darunter auch das Haus

Der »Pfaffenteichkreuzer«

des traditionsreichen Hotels »Niederländischer Hof« (Nr. 12/13). An der Südseite des Pfaffenteiches stammt das ebenfalls nach Demmlers Plan errichtete frühere Kommandantenhaus an der Arsenal-/Ecke Bischofsstraße aus der Zeit um 1840. Nur wenige Meter weit davon entfernt befindet sich das 1848 als Sterns Hotel eröffnete heutige »Haus der Kultur«. Berühmtester Hotelgast war hier Richard Wagner, der 1873 die Aufführung eigener Werke im Schweriner Hoftheater miterlebte. Nach 1945 übernahm der Kulturbund das Haus, das sich bald zu einem kulturpolitischen Mittelpunkt für ganz Mecklenburg entwickeln sollte. 1989 schließlich konnte das Gebäude nach längeren Umbauten wieder seine Pforten als lebendiges Kulturzentrum öffnen. Gleich gegenüber (Arsenal-/Ecke Mecklenburgstraße) steht in zart-gelbem Farbanstrich das Wohn- und Sterbehaus Demmlers. Demmler erhielt den Bauplatz von Großherzog Paul Friedrich als Schenkung und errichtete das villenartige Gebäude in den Jahren 1842–1844.

Das Ostufer des Pfaffenteiches wurde erst nach 1865 für die Bebauung erschlossen, deshalb finden sich hier nur gründerzeitliche **Bauten**. An der Ecke zur Friedrichstraße erhebt sich das städtebaulich wirkungsvolle Gebäu-de der »Kücken-Stiftung« von 1868, das im spätklassizistischen Stil erbaut wurde. Eine Marmorbüste des Komponisten Friedrich Kücken, angefertigt 1885 von Ludwig Brunow, steht auf der kleineren Rasenfläche davor und erinnert an den Schöpfer einiger volkstümlich gewordener Lieder. Zwei Gebäude der August-Bebel-Straße greifen in ihren Stilformen bewußt auf

Das Arsenal am Pfaffenteich

die um die Mitte des 16. Jahrhunderts für Mecklenburg charakteristische Terrakotta-Architektur zurück: das 1870 eröffnete Gymnasium Fridericianum und die frühere Kuetemeyersche Stiftung von 1894, das heutige Standesamt. Vor dem Gymnasium steht auf der Terrasse eine Büste des Altertumsforschers Heinrich Schliemann, der entgegen landläufiger Ansichten weder das Schweriner Gymnasium besucht hat noch Ehrenbürger der Stadt war – aber am 6.1.1822 im 60 km nördlich von Schwerin gelegenen Neubukow geboren wurde. Ein Neorenaissancebau aus dem Jahre 1904 ist das alte, stillgelegte **Elektrizitätswerk** am Nordufer.

Um eiligen Passanten den Weg um den Pfaffenteich zu verkürzen, verkehrt eine **Fähre** über den 200 m breiten Teich, den die Schweriner Lokalpatrioten gern auch Schwerins Binnenalster nennen, während sich für die Fähre selbst die Bezeichnung »Pfaffenteichkreuzer« eingebürgert hat.

Zum städtebaulichen Ensemble des Pfaffenteiches gehört auch die **St.-Pauls-Kirche**, deren Ostseite durch die Moritz-Wiggers-Straße neben dem Arsenal zu sehen ist. Dieser bedeutendste neogotische Kirchenbau Mecklenburgs entstand 1863–69 nach einem Entwurf des Architekten Theodor Krüger. Es ist eine dreischiffige Hallenkirche mit Querschiff, polygonal geschlossenem Chor und Westturm. Das Innere der Kirche hat sich vollkommen in der ursprünglichen Gestalt erhalten. Besonders reich ausgestaltet ist der Chor mit dem großen Altaraufsatz von Pfannschmidt, reich geschnitztem Gestühl und farbenprächtigen Glasfenstern. Auf der Westempore steht eine der größten Orgeln aus der Werkstatt der Schweriner Orgelbaufirma Friese,

Das Wohnhaus Demmlers und das »Haus der Kultur« an der Arsenalstraße

die nach einer vor Jahren erfolgten Generalreparatur Mittelpunkt zahlreicher kirchenmusikalischer Veranstaltungen ist. Bei Aufführungen im späten 19. Jahrhundert dirigierte hier auch Johannes Brahms, wie sein Namenszug auf dem Notenschrank unter der Empore belegt.

☞　Die St.-Pauls-Kirche ist Sa/So 11–12 und 13–16 Uhr geöffnet.

Mecklenburgstraße

Die wichtigste Geschäftsstraße Schwerins beginnt am Südufer des Pfaffenteiches. Seit dem Jahre 1977 ist sie **Fußgängerzone**. So wie hier heute kaum noch etwas an den früher regen Straßenbahn- und Autoverkehr erinnert, so wenig ahnt der Passant, daß er sich praktisch auf der viele Jahrhunderte lang durch einen Wassergraben markierten westlichen Stadtgrenze Schwerins bewegt. Bis zur Stillegung der gräflichen Mühle an der Schloßstraße/Klosterstraße 1853 bezog diese ihr Antriebswasser aus dem Pfaffenteich durch einen unter der Straße verlaufenden Zufluß, den Fließgraben.

Den Touristen interessieren in dieser Straße vorwiegend die zahlreichen Geschäfte. Aufmerksamkeit verdient aber auch das **Hauptpostamt**, ein aufwendiger Neorenaissancebau, 1892–97 nach Plänen von Hake errichtet. Etwas jünger ist das benachbarte **Fernmeldeamt** in gleichen Stilformen. Zwischen ihnen bietet sich über den Posthof hinweg ein imposanter Blick auf den 117,5 m hohen Domturm. In Höhe der dann folgenden Kaufhäuser

zweigt nach Osten die Schmiedestraße ab, ebenfalls eine Einkaufsstraße mit geschäftigem Treiben. Ihre frühere Fachwerkbebauung ist im 19. Jahrhundert bereits stark verändert worden. Ein schönes Beispiel älterer Architektur ist das Eckhaus **Schmiedestraße 15** von ca. 1700, besonders reich gestaltet ist seine Seitenfront zur Bischofsstraße. Knapp hundert Meter weiter geht rechts die immer von Passanten belebte Helenenstraße in Richtung Marienplatz ab, links die ihren Namen verdienende Enge Straße.

Hinter der Kreuzung mit der Schloßstraße verliert sich der Boulevardcharakter: die bald links folgende platzartige Erweiterung ist der Busbahnhof, auf dessen Gelände bis vor einigen Jahren Mietshäuser standen, die wegen schlechter Gründung auf dem morastigen Untergrund abgerissen werden mußten. Die noch vorhandenen **Jugendstilhäuser Nr. 61–73** sind stark vernachlässigt und bedürfen dringend der Restaurierung. Am **Busbahnhof** beginnen mehrere innerstädtische Linien. Die Buslinie 15 führt in den landschaftlich schönen Bereich am Faulen See, zur Jugendherberge und zum Zoo.

Hauptbahnhof

Der Schweriner Hauptbahnhof liegt nordwestlich der Innenstadt, für Fußgänger ist das Zentrum um den Markt in knapp 15 Minuten zu erreichen. Wer nicht gern läuft, kann auch mit der Straßenbahn (Linie 1) eine Station bis zum Marienplatz fahren. Das **Bahnhofsgebäude** entstand 1888–90 nach einem Entwurf des Hamburger Regierungsbaurates Möller. Zehn Jahre jünger ist das jenseits der Gleise stehende Verwaltungsgebäude der Bahndirektion. Schwerin bekam 1847 mit der Bahnverbindung nach Hagenow-Land Anschluß an die wichtige Eisenbahnlinie Hamburg-Berlin.

Vor dem Bahnhof, am **Grunthalplatz**, steht südlich das 1972 eröffnete Hotel »Stadt Schwerin«, ein moderner Hotelbau mit 350 Betten, der derzeit geschlossen ist. Gegenüber befinden sich zwei weitere Hotels: der »Reichshof« und das »Hotel am Hauptbahnhof«. In der Platzmitte steht der 1911 enthüllte Brunnen »Rettung aus Seenot« von Hugo Berwald. Zu Fuß kann man das Stadtzentrum durch die Wismarsche Straße erreichen, schöner ist der Weg durch die leicht abschüssige Straße Zum Bahnhof in Richtung Pfaffenteich, wo sich ein schöner Blick über die weite Wasserfläche auf die Innenstadt mit dem hochaufragenden Domturm bietet.

Linke Seite: Blick in die Fußgängerzone Schwerins, die Mecklenburgstraße
Folgende Seiten: Blick auf Schwerin aus südlicher Richtung

Ausflüge in
die Umgebung

Rund um Schwerin

Zippendorf und Mueß

Schon Anfang des 19. Jahrhunderts hatten die Schweriner das am Südufer des Schweriner Sees gelegene **Zippendorf** als Ausflugsziel und Sommerfrische entdeckt. Seit 1865 verkehrten regelmäßig Dampfschiffe von Schwerin nach Zippendorf, 1879 wurde die erste öffentliche Badeanstalt gegründet, und 1921–77 fuhr die Straßenbahn durch den schönen Laubwald direkt nach Zippendorf. Wer lieber zu Fuß gehen wollte, konnte und kann die in Ufernähe verlaufende **Promenade** vom Schloßgarten aus benutzen. Sein heutiges Aussehen verdankt Zippendorf einer regen Bautätigkeit nach der Jahrhundertwende, als mehrere Hotels, Pensionen und Villen entstanden. An die dörfliche Vergangenheit des über 700jährigen Ortes erinnern noch drei Fachwerkscheunen aus dem 19. Jahrhundert an der Dorfstraße. 1984 ließ der »Freie Deutsche Gewerkschaftsbund« der DDR (FDGB) in der Ortslage das 1000-Betten-Heim »Fritz Reuter« errichten, heute unter gleichem Namen ein Hotel.

Zippendorf ist das meistbesuchte Naherholungsgebiet bei Schwerin. An dem breiten Sandstrand tummeln sich mitunter mehr als 10.000 Badegäste. Bootsverleih, Sportmöglichkeiten, Lokale und Imbißstände sind weitere Anziehungspunkte. Regelmäßiger **Schiffsverkehr** besteht nach Schwerin und zur bewaldeten Insel Kaninchenwerder. Auf Kaninchenwerder locken der Badestrand, Wanderwege, der Aussichtsturm und das Restaurant »Seeklause«. Seit 1923 ist die Insel als Naturschutzgebiet ausgewiesen.

Zippendorf Mitte des 19. Jahrhunderts, Stahlstich von J. Gottheil

Kunstkaten im Freilichtmuseum Schwerin-Mueß

Eine halbe Wegstunde von Zippendorf entfernt liegt das 1936 in die Stadt eingemeindete ehemalige Bauern- und Fischerdorf **Mueß**. Der Ortskern wurde 1970 zum denkmalgeschützten Bereich erklärt und ist seitdem Teil des im gleichen Jahr eingerichteten **Mecklenburgischen Volkskundemuseums – Freilichtmuseum Schwerin-Mueß**. Das Museum gewährt mit zahlreichen Objekten und (rekonstruierten) Bauten einen Einblick in die Lebensweise der mecklenburgischen Landbevölkerung früherer Zeiten. Kernstück ist das niederdeutsche Hallenhaus aus der Mitte des 17. Jahrhunderts. Besichtigt werden können außerdem die ehemalige Dorfschule, eine Büdnerei, ein Hirtenkaten, eine Dorfschmiede, ein Spritzenhaus und kleinere Wirtschaftsgebäude. Im 1977 eröffneten Kunstkaten, einer um 1800 errichteten Scheune, werden im Wechsel Ausstellungen aus dem umfangreichen Museumsfundus gezeigt.

☞ Das Museum ist von Mai– Oktober Di–So 10–18 Uhr geöffnet. Führungen nach vorheriger Vereinbarung.

Lewitzdörfer Consrade, Plate, Peckatel und Banzkow

Südöstlich von Schwerin beginnt das flache, von der Stör durchflossene Gebiet der **Lewitz**, einer fruchtbaren Landschaft mit Rinderzucht, Getreide- und Kartoffelanbau. Die relativ großen Dörfer haben trotz ihrer Nähe zu Schwerin noch viel von ihrer Ursprünglichkeit bewahrt. Im unweit vom Großen Dreesch gelegenen Dorf **Consrade** steht eine Fachwerkkirche aus dem 16./17. Jahrhundert mit freistehendem Glockenstuhl und mächtigen

Zugbrücke an der Stör in Plate

alten Eichen auf dem Friedhof. Der Nachbarort **Plate**, schon 1191 erstmals urkundlich erwähnt, war lange Zeit Schiffahrtszollstation. Die Dorfkirche ist ein neogotischer Backsteinbau von 1849, an dem vorbei man zu dem 1927 errichteten Spritzenhaus gelangt. Hier wurde ein kleines Feuerwehrmuseum eingerichtet, das dem interessierten Besucher an Samstagen oder auf Anfrage geöffnet wird.

Nahe der Brücke über den Störkanal, wo auch die Fahrgastschiffe der »Weißen Flotte« anlegen, laden die beiden Gaststätten »Störkrug« und »Lewitzidyll« zur Einkehr. Jenseits der Brücke sind noch einige ältere Bauernhäuser mit Rohrdach erhalten; so auch in **Peckatel**, einem Ortsteil von Plate, auf dessen Dorfanger die von alten Bäumen gesäumte Fachwerk-kirche aus dem frühen 18. Jahrhundert steht.

Banzkow, schon am Rande der Waldlewitz gelegen, bildet den Abschluß der Dörfergruppe. Hier führt eine um 1895 errichtete Drehbrücke über den Störkanal, die letzte funktionierende Anlage dieser Art im weiten Umkreis von Schwerin. Die daneben liegende Schleuse war ehemals für die Last-schiffahrt von Bedeutung, heute passieren hier nur noch Sportboote. Banz-kow ist vor allem wegen seiner schönen Gaststätte »Lewitz-Mühle« bekannt, besitzt aber auch einige gut erhaltene niederdeutsche Hallenhäuser und eine sehenswerte neogotische Dorfkirche.

Schweriner Innensee

Wer die Schweriner Seenlandschaft kennenlernen möchte, dem sei eine halbtägige Wanderung am Schweriner Innensee empfohlen.

Beginnen sollte man am Schweriner **Schloßgarten**, bei der Übersichtstafel schräg gegenüber dem herzoglichen Sommerhaus. Auf der asphaltierten Promenade **Franzosenweg** gelangt man, immer am Ufer des Sees an Wiesen und Baumgruppen vorbei, zum **Kalkwerder** mit Badeanstalt und Einkehrmöglichkeit. Rechts liegt die Große Karausche mit reichem Seerosenbestand. Nachdem ein Wegstück mit Villenbebauung passiert ist und rechts die Gaststätte »Waldburg« ebenfalls hinter uns liegt, verläuft der Weg nun etwa 2 km durch den Wald bis **Zippendorf**. Wir durchqueren den Ort auf der parallel zum Strand verlaufenden Straße und bewegen uns weiter auf dem ufernahen Weg nach Mueß, vorbei am Waldbad und einigen Bootshäusern. In **Mueß** tangieren wir kurz die B 321 bei der Gaststätte »Mueßer Bucht«, wenden uns aber dann nach links ins Dorf, begeben uns in die Alte Dorfstraße, die wir nach rechts auf halber Strecke auf einem unbefestigten Weg verlassen, der uns zum **Reppiner Burgwall** führt. 1907 wurde hier im romantisierenden Ruinenstil ein Aussichtsturm errichtet, von dem aus man einen schönen Blick auf die Mueßer Bucht hat. Weiter führt dieser Weg an den Bootshäusern vorbei, entlang der Wiekbucht zur Gaststätte »Zur Fähre« am Beginn des Störkanals.

☞ Während der Saison (Mai–September) besteht die Möglichkeit, ab der Gaststätte »Zur Fähre« mit dem Schiff zurück zum Schloß zu fahren.

Über die Straßenbrücke im weiteren Verlauf der B 321 hinweg, vorbei an der Gedenkstätte für die Opfer des qualvollen »Todesmarsches« vom Mai 1945, erreichen wir Raben Steinfeld. In der Senke steht rechts das Forstgehöft im Schweizerhausstil, gegenüber biegt links ein Uferweg ab. Er führt ebenso wie die Straße ins Zentrum des Dorfes, in dem mehrere neogotische Wohnhäuser aus der Zeit um 1865 und das 1886/87 für den Großherzog errichtete **Schloß** mit seinem Park Beachtung verdienen. Unterhalb des Parks führt der Uferweg durch ein Naturschutzgebiet in das ehemalige Gutsdorf **Görslow**. Zur Rechten erhebt sich das Steilufer bis zu 30 Meter hoch, zur Linken breitet sich die weite Wasserfläche des Sees aus, der in diesem Bereich mit sechs Kilometern seine größte Breite erreicht. Von Görslow aus hat man einen herrlichen Blick auf Schwerin. Hier befindet sich

Gedenkstätte Raben Steinfeld

auch eine Badestelle. Am besten wandert man von Görslow am Ostufer des Sees zurück nach Raben Steinfeld, von dort besteht etwa stündlich eine Rückfahrmöglichkeit mit dem Bus zur Stadt.

Schweriner Außensee

Der Außensee ist ein vielbesuchtes Erholungsgebiet mit mehreren großen Campingplätzen. Von Schwerin aus erreicht man das Ostufer auf der B 104 in Richtung Güstrow, indem man das stadtnahe Werderholz mit seinem schönen Buchenmischwald passiert und bei der Gaststätte »Seewarte« den Verbindungsgraben vom Innen- und Außensee überquert. Hier beginnt der drei Kilometer lange **Paulsdamm**, der 1842 künstlich aufgeschüttet wurde und den Schweriner Innen- vom Außensee trennt. Vor der Ortschaft Rampe wird links in die Uferstraße eingebogen, deren Verlauf zahlreiche hübsche Badestellen säumen. Die flachen Strände am Ostufer sind besonders für einen Urlaub mit Kindern ideal. Nach fünf Kilometern erreicht man **Retgendorf**, wo sich in absolut ruhiger Lage ein großer Campingplatz befindet. Im Dorf ist die gotische Backsteinkirche aus dem 14. Jahrhundert sehenswert. Im weiter nördlich gelegenen **Flessenow** ist ebenfalls ein Campingplatz vorhanden, daran ist eine Gaststätte angeschlossen.

In nördlicher Richtung führt dann der Weg in das **Naturschutzgebiet an der Döpe**, ein ausgezeichnetes Revier für Wander- und Naturfreunde. Der kleine, nur eineinhalb Meter tiefe See ist von Schilf und Bruchwald umgeben, in dem ungestört zahlreiche Wasservögel leben. Jenseits der Bahnstrecke liegt der Ort **Hohen Viecheln** mit seiner ungewöhnlich großen, turmlosen Dorfkirche, die zu den schönsten Mecklenburgs zählt. Die dreischiffige Hallenkirche aus der Zeit um 1300 besitzt eine historische Inneneinrichtung mit mehreren wertvollen Ausstattungsstücken, u.a. eine Triumphkreuzgruppe aus dem 15. Jahrhundert. Auf einem Uferweg oder auf der Straße kann man nach **Bad Kleinen** gelangen, dabei wird der sogenannte **Wallensteingraben** überquert, der im 16. Jahrhundert als Schiffahrtsweg von Schwerin nach Wismar geplant worden war. Bad Kleinen, der »heimliche Hauptbahnhof von Schwerin«, entwickelte sich im 19. Jahrhundert, nachdem hier ein Eisenbahnknotenpunkt entstanden war. Eine Wasserheilanstalt und der zunehmende Kurbetrieb führten zur Verleihung des amtlichen Zusatzes »Bad«. In der Nähe des Seeufers laden mehrere Gaststätten zum Verweilen ein.

Die gegenüberliegende Insel **Lieps** wird derzeit noch landwirtschaftlich genutzt. Von Bad Kleinen nach Lübstorf empfiehlt sich die Benutzung der Straße, da der Uferweg kaum passierbar ist. Von **Lübstorf** kann man auf der B 106 weiter direkt über **Kirch Stück** mit seiner gotischen Dorfkirche und dem hier besonders schönen nahen Aubachtal nach Schwerin fahren oder man biegt nach links auf die ufernahe Landstraße ein, die immer wieder den Blick auf den See freigibt. Zuvor besteht die Möglichkeit, über die nahe dem Bahnübergang abzweigende Straße zum ca. 3 km entfernten **Schloß Wiligrad** zu gelangen. Nach Durchqueren des schönen Buchenwaldes wird das 1896–98 im Stil der mecklenburgischen Renaissance errichtete Schloß mit seinen Nebengebäude sichtbar, in dem heute der »Kunstverein Schloß Wiligrad e.V.« regelmäßig Ausstellungen veranstaltet. Im Haus haben auch das Landesamt für Baudenkmalpflege und das **Archäologische Landesmuseum** ihren derzeitigen Sitz.

Über Alt-Lübstorf gelangt man weiter in das Bauerndorf Hundorf und erreicht schließlich **Seehof**, das 1838 als typisches Gutsdorf angelegt wurde. Hier befinden sich ein internationaler Campingplatz, eine Gaststätte und Badeanstalt. Auch die Fahrgastschiffe der »Weißen Flotte« legen zeitweise in Seehof an.

Auf Seehof folgt das bereits zum Stadtgebiet von Schwerin gehörende **Wickendorf**, dessen charakteristische Büdnerhäuser aufgrund von Modernisierungen ihr Aussehen in den letzten Jahren völlig verändert haben. Die bei der Gaststätte nach Osten abbiegende Straße führt durch das **Wickendorfer Moor** zur Gaststätte »Seewarte« am Paulsdamm. In Richtung Schwerin werden dann die Ortsteile Carlshöhe und Wendenhof passiert, von letzterem hat man einen phantastischen Blick über den **Ziegelsee** auf die Stadt. Hier befindet sich das »Seehotel Frankenhorst«, die ehemalige Nobelherberge Erich Honeckers. Über Medewege wird das Stadtgebiet beim Bezirkskrankenhaus erreicht.

Blick über den Ziegelsee

Ausflüge in die Umgebung

Ludwigslust

Die Schwesterstadt Schwerins liegt 35 km südlich an der B 106 bzw. an der Eisenbahnstrecke nach Berlin und Leipzig. Ludwigslust entstand als Residenz der Schweriner Herzöge auf dem Gebiet des schon im 14. Jahrhundert erwähnten Dorfes Klenow. Seinem Vater zu Ehren nannte Herzog Friedrich der Fromme den Ort »Ludwigslust«.

Die neue Anlage mußte regelrecht aus dem Boden »gestampft« werden, denn außer schlechten Äckern und Wald war wenig vorhanden. Wasser, für die Menschen lebensnotwendig und für eine **barocke Residenz** als Gestaltungselement ebenfalls wichtig, wurde über einen etwa 20 km langen Kanal aus der Lewitz herangeführt. 1764 wurde der Hof von Schwerin nach Ludwigslust verlegt, sobald die ersten Bauten in der von Johann Joachim Busch projektierten Residenz fertiggestellt waren. Busch hatte eine große Straßenachse, die heutige Schloßstraße, und eine von Schloß und Kirche begrenzte zweite Achse als städtebauliches Gerüst für Ludwigslust entworfen.

Bis 1800 war die barocke Residenz größtenteils errichtet. In den Jahren 1765–70 entstand als architektonisches Gegenstück zum Schloß die **Schloß-kirche**, jetzt Stadtpfarrkirche, mit ihrer breit gelagerten Säulenvorhalle und dem Kirchenraum mit dem riesigen Altargemälde und der mehrgeschossigen Hofloge. Das **Schloß**, eine dreigeschossige Anlage von 17 Achsen auf E-förmigem Grundriß, wurde zwischen 1772 und 1776 fertiggestellt. Die hohe Attika wird von 40 überlebensgroßen Figuren und 16 Prunkvasen aus der Werkstatt von Rudolph Kaplunger geziert. Historische Möbel, Bilder mecklenburgischer Hofmaler und Kunsthandwerk veranschaulichen in den Zimmern der Festetage höfische Kunst und Wohnkultur des 18. und 19. Jahrhunderts. Repräsentativster Innenraum ist der **Goldene Saal**, dessen reicher Dekor größtenteils in der Ludwigsluster Pappmaché-Manufaktur hergestellt wurde. Das Schloß blieb bis 1945 Wohnstätte der großherzoglichen Familie. Danach war es Sitz staatlicher Dienststellen. Heute gehört das Schloß zum Staatlichen Museum Schwerin – Kunstsammlungen, Schlösser und Gärten.

☞ Öffnungszeiten: April bis Oktober Di–So 10–18 Uhr; Oktober bis April Di–So 10–17 Uhr. Öffentliche Führungen täglich 14 Uhr.

Der **Schloßpark** entstand gleichzeitig mit dem Schloßbau und ist mit 135 ha die bei weitem größte Anlage dieser in Mecklenburg. In der Mitte des 19. Jahrhunderts fand unter der Leitung des bekannten Gartenarchitekten Peter Joseph Lenné eine Umgestaltung im Stil des **englischen Landschafts-gartens** statt, in die Teile der ehemaligen Barockanlage mit einbezogen wurden. Im Park finden sich mehrere interessante Bauten wie die St.-Hele-

Schloß Ludwigslust

na-Kirche (1803–09), das Schweizerhaus (um 1780) mit Gaststätte, zwei Mausoleen aus dem Anfang des 19. Jahrhunderts und Wasserspiele. Seit 1981 wird der Park schrittweise rekonstruiert.

Vom barocken Stadtbild in der Schloßstraße, Linden- und Nummerstraße ist noch viel erhalten, die klassizistische Erweiterung von 1810–25 ist dagegen durch die Umgestaltung der Häuser in den letzten Jahren, durch neue Straßenführung und mangelhafte Pflege kaum noch sichtbar, einzig die Wohnbauten in der Kanalstraße sind weitgehend unverändert erhalten. In der Nähe des Bahnhofs befindet sich der große Komplex des um die Mitte des 19. Jahrhunderts gegründeten Stiftes Bethlehem, die älteren Gebäude und die Kirche sind neogotisch.

Acht km nördlich von Ludwigslust, an der B 106 in **Wöbbelin**, befinden sich die Theodor-Körner-Gedenkstätte und das Mahnmal für die Opfer des KZ Reiherhorst. Der am 26. August 1813 im Kampf gegen die französischen Besatzungstruppen gefallene Freiheitsdichter Theodor Körner, Schöpfer des Liedes »Von Lützows wilder verwegener Jagd«, fand seine letzte Ruhestätte unter der alten Eiche in Wöbbelin. Über seinem Grab steht ein gußeisernes Monument aus der Berliner Eisengießerei von 1814. Ein kleines Museum, die **Mahn- und Gedenkstätte Wöbbelin**, informiert über die antinapoleonischen Befreiungskriege in Mecklenburg und die Biographie Körners. Zum anderen wird hier der Häftlinge aus vielen Ländern gedacht, die im nahegelegenen NS-Konzentrationslager Reiherhorst, einem Außenlager des KZ Neuengamme, umkamen. Der Park der Mahn- und Gedenkstätte ist auch

Mahn- und Gedenkstätte Wöbbelin

einer der Friedhöfe des KZ Reiherhorst. Von Februar bis Mai 1945 wurden hier noch in den letzten Kriegswochen unter den unmenschlichsten Bedingungen über 10.000 Häftlinge eingewiesen, von denen mehr als die Hälfte starben. Ein Sandsteinrelief des Bildhauers Jo Jastram (1960) erinnert an das Geschehen.

☞ Öffnungszeiten der Mahn- und Gedenkstätte: April bis Oktober Di–So 10–17 Uhr, November bis März Di–So 10–16 Uhr.

Neustadt-Glewe und Friedrichsmoor

Neustadt-Glewe ist von Schwerin über die A 241 (Abfahrt Neustadt-Glewe) oder die B 106 bis Wöbbelin und von dort über die B 191 erreichbar. Die Stadt gehört zu den geschichtsträchtigsten Orten Mecklenburgs. Im 13. Jahrhundert gegründet, entstand hier an der Elde eine bedeutende **Burganlage**, von der sich Teile bis heute erhalten haben (Museum, Jugendherberge). Erst im 17. und 18. Jahrhundert wurde das barocke Schloß erbaut, das leider in den zurückliegenden Jahren stark verfiel, so daß seine prachtvollen, von italienischen Meistern gefertigten Stuckdecken zur Zeit nicht besichtigt werden können. Die Stadt wurde nach einem Brand im Jahre 1728 mit **Fachwerkhäusern** wieder aufgebaut, die schönsten stehen in der Rudolf-Breitscheid-Straße. Der nahe bei der Stadt liegende Neustädter See ist ein beliebtes Naherholungsgebiet mit Campingplatz und Badestrand.

Burganlage in Neustadt-Glewe

In dem ca. 10 km entfernten **Friedrichsmoor**, zu erreichen von Neustadt-Glewe über die B 191 bis Abzweig Tuckhude, von dort »gute Landstraße«, ist das kleine Jagdschloß der mecklenburgischen Herzöge sehenswert, das um 1790 während der Ludwigsluster Residenzzeit als dreiflügelige Fachwerkanlage erbaut wurde. Es liegt in der Waldlewitz, einem seit altersher wildreichen Gebiet, von dem heute große Teile Naturschutzgebiet sind. Im Schloß befindet sich eine im Jahre 1815 in Paris gedruckte kostbare **Jagdtapete** mit fünf Szenen einer Rotwildjagd im Wald von Compiègne bei Paris – eine Dauerleihgabe aus dem Jagdschloß Friedrichsthal und vermutlich das einzig erhaltene Exemplar. Von 1969 an nutzte der damalige VEB Meliorationsbau die Räumlichkeiten des Schlosses zur Aus- und Weiterbildung seiner Mitarbeiter. Seit 1991 wird das Jagdschloß Friedrichsmoor als Pension und Gaststätte mit Tagungsmöglichkeit genutzt.

☞ Jagdschloß Friedrichsmoor, 19306 Friedrichsmoor,
Tel./Fax 038757/22413. Eine Schloßbesichtigung ist im Rahmen der Öffnungszeiten der Gaststätte möglich.

Von Friedrichsmoor kann über Goldenstädt und von dort über Banzkow bzw. auf der B 106 nach Schwerin zurückgefahren werden.

 # Staatliches Museum Schwerin
Kunstsammlungen, Schlösser und Gärten

Dauer- und Sonderausstellungen, Führungen, Vorträge,
Museumspädagogik, Kurse, Konzerte, Filme,
Café, Restaurant, Museumsshop

Galeriegebäude
Alter Garten 3
19055 Schwerin
Tel.: 0385/592400
Öffnungszeiten:
Di 10–20 Uhr
Mi–So 10–17 Uhr

Schloßmuseum
Lennéstr. 1
19053 Schwerin
Tel.: 0385/525920
Öffnungszeiten:
15.4.–14.10. Di–So 10–18 Uhr
15.10.–14.4. Di–So 10–17 Uhr

Schloß Ludwigslust
Schloßfreiheit
19288 Ludwigslust
Tel.: 03874/28114
Öffnungszeiten:
15.4.–14.10. Di–So 10–18 Uhr
15.10.–14.4. Di–So 10–17 Uhr

Schloß Güstrow
Franz-Parr-Platz 1
18273 Güstrow
Tel.: 03843/5021
Öffnungszeiten:
15.4.–14.10. Di–So 10–18 Uhr
15.10.–14.4. Di–So 9–17 Uhr

Informationen unter Tel. 0385/59240-0, Fax 0385/563090

Reiseinformationen von A–Z

Touristische Informationen

Deutsche Bahn AG, Reiseauskunft, Tel. 0385/565687
Fremdenverkehrsamt/Schwerin-Information, Am Markt 11,
Tel. 0385/560931, Fax 0385/562739
Öffnungszeiten der Schwerin-Information: Mo–Fr 10–18, Sa 10–14 Uhr
Stadtführungen, Tel. 0385/555082
Zimmervermittlung, Tel. 0385/565123, Fax 0385/555094
Dienstleistungen: Information und Beratung, Publikationen über Schwerin
und Umgebung, Vermittlung von Konzertkarten und Karten für Kultur- und
Sportveranstaltungen, Stadtführungen, Zimmervermittlung

Autovermietung

City-Trans, Gadebuscher Str. 189, Tel. 0385/479672
Europcar InterRent, Grevesmühlener Str. 18, Tel. 0385/41133
Hertz, Wittenburger Str. 116, Tel. 0385/7851941
Sixt Budget, Lilienthal Str. 2-10, Tel. 0385/614172

Bibliotheken und Archive

Mecklenburgische Landesbibliothek, Am Dom 2, Tel. 0385/565197
Stadtbibliothek, Wismarsche Str. 144, Tel. 0385/59019-0
Mecklenburgisches Landeshauptarchiv, Graf-Schack-Allee 2,
Tel. 0385/555411
Stadtarchiv, Platz der Jugend 12-14, Tel. 0385/559286

Bootsverleih

Bootsverleih am Schloß, Bornhövedstr. 65a, Tel. 0385/512440

Buchhandlungen

Boulevard-Buchhandlung, Helenenstr. 6, Tel. 0385/565689
Buchhandlung am Marienplatz, Goethestr. 105, Tel. 0385/565877
Buchhandlung für Recht und Wirtschaft, Goethestr. 29, Tel. 0385/5500660
Buchhandlung Stirnberg, Hauptbahnhof. Tel. 0385/568656
Marktbuchhandlung, Am Markt 13, Tel. 0385/565976
Niels-Stensen-Buchhandlung, Schloßstr. 20, Tel. 0385/565804
Schloß-Buchhandlung, Schloßstr. 26, Tel. 0385/555063
Schweriner Antiquariat, Puschkinstr. 59, Tel. 0385/562912

Campingplätze rund um Schwerin

Campingplatz Seehof, Lübstorfer Str., Tel. 0385/512540
Campingplatz »Süduferperle«, Leezener Str. 1, 19065 Raben Steinfeld,
Tel. 03860/312
Camping- und Wassersportzentrum Retgendorf, Seestr. 24,
19067 Retgendorf, Tel. 03866/340
Campingplatz »Anne«, 19073 Dümmer, Tel. 03869/216
Campingplatz am Militzsee, 19069 Crivitz, Tel. 03863/2734

Ferienzentrum Neukloster, Bützower Str., 23992 Neukloster,
Tel. 038422/844

Fundbüro

Fundbüro, Großer Moor 2-6, Tel. 0385/559223

Gastronomie

Alt Schweriner Schankstuben, Schlachtermarkt 9-13, Tel. 0385/565114
Am Stadttor, Lischstr. 3, Tel. 0385/569744
Charivary, Wittenburger Str. 50, Tel. 0385/734055
Einheit, Schloßgartenallee 38, Tel. 0385/561332
Elefant, Goethestr. 39, Tel. 0385/565703
Friesenhof, Mecklenburgstr. 2, Tel. 0385/5570155
Gastmahl des Meeres, Großer Moor 5, Tel. 0385/565935
Gewölbe-Restaurant, Am Markt 1, Tel. 0385/565166
Jagdhaus Schelfwerder, Güstrower Str. 109, Tel. 0385/561216
Kochs Bier- und Weinstuben, Lennéstr. 2-4, Tel. 0385/5574891
Primavera (Hotel Plaza), Am Grünen Tal/Hamburger Allee,
Tel. 0385/34820
Rasthof zum Goldenen Reiter, Puschkinstr. 44, Tel. 0385/565036
Ritterstube, Ritterstr. 3, Tel. 0385/565240
Seewarte, Paulsdammer Weg 2, Tel. 0385/561554
Strandperle, Am Strand 14, Tel. 0385/213263
Restaurant Weinhaus Uhle, Schusterstr. 15, Tel. 0385/562956
Werderecke, Werderstr. 3, Tel. 0385/562160
Zum Mecklenburger, Puschkinstr. 81, Tel. 0385/564067

Nationalitätenrestaurants

Brinkama's Restaurant (italienisch), Lübecker Str. 33, Tel. 0385/5507544
Restaurant »Peking Ente« (chinesisch), Wismarsche Str. 123,
Tel. 0385/5507427
Restaurant Hellas (griechisch), Bischofstr. 3, Tel. 0385/563015
Restaurant Sparta (griechisch), Schloßgartenallee 38, Tel. 0385/561332

Cafés (Auswahl)

Café am Boulevard, Schloßstr. 30, Tel. 0385/563017
Lesecafé, Arsenalstr. 16, Tel. 0385/5574792
Café Prag, Puschkinstr. 64, Tel. 0385/565909
Café »Rothe«, Puschkinstr. 14, Tel. 0385/5571305
Eck-Café »Ulrike«, Wittenburgerstr. 42, Tel. 0385/732038
Schloßcafé im Schloßmuseum Schwerin, Lennéstr. 1, Tel. 0385/5252963
Schloßgartenpavillon am Kreuzkanal, Am Kreuzweg, Tel. 0385/565186
Theatercafé, Großer Moor 36, Tel. 0385/561126

Hotels

Europa Hotel Schwerin, Werkstr. 209, Tel. 0385/63400, Fax 0385/6340666
(28 EZ/52 DZ)
Best Western Hotel Plaza, Am Grünen Tal/Hamburger Allee,
Tel. 0385/34820, Fax 0385/341053 (3 EZ/75 DZ)

Hospiz am Pfaffenteich, Gaußstr. 19, Tel. 0385/83321 (12 DZ)
Hotel am Hauptbahnhof, Grunthalplatz 11-12, Tel. 0385/565702,
Fax 0385/5574296 (9 EZ/20 DZ)
Hotel »An den Linden«, Franz-Mehring-Str. 26, Tel./Fax 0385/512084
(3 EZ/9 DZ)
Hotel »Neumühler Hof«, Neumühler Str. 45, Tel./Fax 0385/719361
(7 EZ/7 DZ)
Hotel »Nordlicht«, Apothekerstr. 2, Tel. 0385/558150, Fax 0385/5574383
(2 EZ/3 DZ)
Hotel »Reichshof«, Grunthalplatz 15-17, Tel. 0385/565798 (6 EZ/20 DZ)
Landhaus Schwerin, An der Chaussee 28, Tel. 0385/868510 (3 EZ/6 DZ)
Hotel »Arte«, Dorfstr. 6, Schwerin-Krebsförden, Tel. 0385/63450,
Fax 0385/6345100 (22 EZ/18 DZ)
Hotel »Fritz Reuter«, Räthenweg, Schwerin-Zippendorf, Tel. 0385/2930,
Fax 0385/211144 (100 EZ/339 DZ)
Strand-Hotel, Am Strand 13, Schwerin-Zippendorf, Tel. 0385/213053, Fax
0385/321174 (2 EZ/24 DZ)
Hotel-Restaurant »Zur Fähre«, Alte Crivitzer Landstr., Schwerin-Mueß, Tel.
0385/213054, Fax 0385/212130 (10 EZ/10 DZ)
Hotel-Restaurant »Zur Mueßer Bucht«, Mueßer Bucht 1, Schwerin-Mueß,
Tel. 0385/64450-0, Fax 0385/64450-44 (5 EZ/15 DZ)
Hotel Dobler, Peckateler Str. 4, Schwerin-Raben Steinfeld, Tel. 03860/8011,
Fax 03860/8006 (10 EZ/ 20 DZ)
Seehotel Frankenhorst, Frankenhorst 5, Schwerin-Wickendorf,
Tel. 0385/555071, Fax 0385/555073 (4 EZ/11 DZ)

Jugendherbergen

Jugendherberge Schwerin, Waldschulenweg 3, Tel. 0385/213005
Jugendherberge Flessenow, 19067 Flessenow, Tel. 03866/435

Kinos

Capitol, Wismarsche Str. 126, Tel. 0385/*565991*
Schauburg, Mecklenburgstr. 53, Tel. 0385/565121

Kirchen

Evangelische Kirche, Oberkirchenrat, Münzstr. 8, Tel. 0385/5185-0; Gottesdienste: So 10 Uhr, im Dom auch Sa 18 Uhr
Katholische Kirche, Bischöfliches Amt, Lankower Str. 14, Tel. 0385/4576-0

Kutschfahrten

Fa. Bährle, Wallstr. 60, Tel. 0385/71553
Fa. Günther, Krösnitz 9, Tel. 0385/71064

Museen/Kulturelle Einrichtungen

Galerie am Pfaffenteich, Arsenalstr. 14, Tel. 0385/5571713
Haus der Kultur, Kulturamt, Mecklenburgstr. 2, Tel. 0385/592380
Historisches Museum Schwerin, Verwaltung und stadtgeschichtliche Ausstellung, Großer Moor 38, Tel. 0385/560971, Di–So 10–18 Uhr. Mit Ausstellungen zur Stadtgeschichte und thematisch wechselnden Sonderausstel-

lungen präsentiert sich das Historische Museum Schwerin in insgesamt drei Häusern. Die stadtgeschichtliche Dauerausstellung im Haus Großer Moor 38 wird voraussichtlich im Oktober 1995 neu eröffnet.
Neues Gebäude am Markt, Am Markt 1, Tel. 0385/562704, Di–So 10–18 Uhr
Schweriner Schleifmühle, Schleifmühlenweg 1, 19061 Schwerin, Tel. 0385/562751. Geöffnet vom 1. April bis 30. November Di–So 9–17 Uhr
Mecklenburgisches Volkskundemuseum – Freilichtmuseum Schwerin-Mueß, Alte Crivitzer Landstr. 13, Tel. 0385/213011, Mai bis Oktober Di–So 10–18 Uhr. Die 16 rekonstruierten Gebäude des Freilichtmuseums geben in ihrer Anlage und Einrichtung einen Einblick in die ehemalige Lebens- und Arbeitsweise der ländlichen Bevölkerung Mecklenburgs.
Staatliches Museum Schwerin – Kunstsammlungen, Schlösser und Gärten, Alter Garten 3, Tel. 0385/592400, Di 10–20 Uhr, Mi–So 10–17 Uhr. Das Staatliche Museum Schwerin mit dem Galeriegebäude am Alten Garten und den Schloßmuseen in Schwerin, Güstrow und Ludwigslust ist das größte Kunstmuseum Mecklenburg-Vorpommerns. Im Galeriegebäude befindet sich eine der bedeutendsten deutschen Sammlungen holländischer und flämischer Malerei des 17. Jahrhunderts, ferner mittelalterliche Kunst aus Mecklenburg, deutsche Malerei von der Renaissance bis zum 20. Jahrhundert sowie Gemälde Jean-Baptiste Oudrys. Außerdem sind im Galeriegebäude das Kupferstichkabinett und die kunsthandwerklichen Sammlungen untergebracht.
Schloßmuseum Schwerin, Lennéstr. 1, Tel. 0385/5252920, April bis Oktober Di–So 10–18 Uhr, Oktober bis April Di–So 10–17 Uhr. Prunkräume und Kunstsammlungen der Fest- und Beletage, Galerie »Malerei in Mecklenburg«. Weitere Räume sind zur Restaurierung vorgesehen.
Sternwarte, Weinbergstr. 17, Tel. 0385/512844, geöffnet Di/Mi/Do 9.30 Uhr; Mo/Mi/Do/Sa/So 14.30 Uhr, Fr 19 Uhr mit Beobachtung
Naturschutzstation Zippendorf, Am Strand 9, Tel. 0385/213052

Notdienste

Poliklinik Schwerin, Gaußstr. 1, Tel. 0385/569598
Rettungsdienst Schwerin, Tel. 0385/115
Feuerwehr-Rettungsdienst, Tel. 112

Pannenhilfe

ADAC, Tel. 0385/5574655
KFZ-Hilfsdienst, Tel. 0385/49225

Polizei

Polizeidirektion Schwerin, Amtstr. 21-24, Tel. 0385/5180-0
Polizeiinspektion Schwerin Mitte, Schloßstr. 10, Tel. 0385/53930

Post

Direktion Schwerin, Mecklenburgstr. 4-6, Tel. 0385/5710-0

Schiffahrt (Rundfahrten, Linienverkehr)

Weiße Flotte Schwerin, Anlegestelle Schloß, Tel. 0385/5811596, Fax 0385/5811595

Schwimmhallen, Sauna

Schwimmhalle, Wuppertaler Straße, Großer Dreesch, Tel. 0385/375017; Mo geschlossen, Di/Fr 14–22, Mi 14–18, Do 14–20, Sa/So 10–18 Uhr, eine Sauna ist angeschlossen

Schwimmhalle Lankow, Fliederberg, Tel. 0385/42188, Di/Do 14–18, Mi/Fr 14–22, Sa 10–18, So 9–17 Uhr

Stadtrundfahrten

Petermännchen-Stadtrundfahrten GmbH, Am Wasserturm 5, Tel./Fax 0385/716041

Theater

Mecklenburgisches Staatstheater Schwerin, Am Alten Garten, Tel. 0385/5300-0, Fax 0385/5300-200; Spielplanansage Tel. 0385/5300-222

Öffnungszeiten des Besucherservices: Di–Fr 10–13 und 14–18 Uhr, Sa 10–13 Uhr

Kassen: Tel. 0385/5300-126 od. 127 (Vorverkauf und Bestellung ab 14 Tage im voraus)

Spielstätten des Staatstheaters: *Großes Haus* und *Kammerbühne* im Theatergebäude am Alten Garten

TiK (Theater im Haus der Kultur), Mecklenburgstr. 2, Tel. 0385/559518

Puppenbühne im Haus »Thalia«, Geschwister-Scholl-Str. 2

Zoo

Zoologischer Garten Schwerin, Waldschulenweg 1, Tel. 0385/213000, täglich 9–17 Uhr

Index